中国驻中东大使话中东

埃及

时延春　著

策划　杨文学　主编　时延春
执行主编　王　平　马学林　苏海英

世界知识出版社

图书在版编目（CIP）数据

中国驻中东大使话中东．埃及 / 时延春著．—北京：世界知识出版社，2011.12

ISBN 978-7-5012-4204-7

Ⅰ.①中… Ⅱ.①时… Ⅲ.①埃及—概况 Ⅳ.①K937

中国版本图书馆CIP数据核字（2011）第262056号

书　　名	**中国驻中东大使话中东——埃及** Zhongguo Zhu Zhongdongdashi Huazhongdong—Aiji
作　　者	时延春
责任编辑	龚玲琳　张　萱
责任出版	刘　喆
责任校对	陈可望
出版发行	世界知识出版社
地址邮编	北京市东城区干面胡同51号（100010）
网　　址	www.wap1934.com　www.ao1934.org
联系电话	010-65265919（直销）　010-85118126（发行）
经　　销	新华书店
内文制作	北京世知文化创意有限公司
印　　刷	世界知识印刷厂
开本印张	880×1230毫米　1/32　6¾印张　1插页
字　　数	146千字
版次印次	2012年1月第一版　2012年1月第一次印刷
标准书号	ISBN 978-7-5012-4204-7
定　　价	25.00元

总 序

中国同中东地区国家友好交往的历史源远流长，人民间的友谊深厚而牢固。新中国成立后，中国与中东地区国家的友好合作翻开了新的一页。中国坚持独立自主的和平外交政策，本着互利共赢的原则，为实现中东地区和平稳定，推动中东国家经济发展发挥了积极和建设性的作用。中国与中东国家的关系展现出更广阔的前景。

《中国驻中东大使话中东》既反映了中东国家的情况，也是一部全面记录中国与中东国家友谊与合作的系列丛书。它回顾了60年来新中国外交特别是对中东国家外交的光辉历程，以生动、真实的语言，丰富的图片记载了中国与中东国家团结一致、通力合作谋发展的成功经验；反映了中国与中东地区所发生的巨大变化以及取得的举世瞩目的成就。

《中国驻中东大使话中东》融入了我国外交界专家对中东问题研究所取得的丰硕成果，阐述了作者对中东国家有关问题精辟独到的见解，它的出版凝聚了中国外交界、出版界等几代人的期盼与努力。《中国驻中东大使话中东》知识面广、语言生动，可以帮助中国人民更全面地了解中东国家的历史和现状，为促进中国与中东各国的友好交流打下更牢固的群众基础。

《中国驻中东大使话中东》出版之际，我谨向作者表示祝贺，感谢他们多年来为推动中国同中东地区国家关系的发展作出的不懈努力。与此同时，我也希望该书能够鼓励更多的朋友投入到中国同中东地区国家友好事业当中，进一步增进双方人民的了解和友谊，为双方的合作开拓更美好的未来。

全国人大常委会前副委员长
中国—阿拉伯友好协会会长
铁木尔·达瓦买提
2011年10月于北京

前言

中东大地，乃神奇之地也。这片广阔的地域，举世瞩目，是世人向往的地方。

中东的称谓颇有一番考究。这是沿袭欧洲人的说法而形成的一种政治地理概念。昔日欧洲人把距欧洲近的国家称为近东，把距欧洲远的东方国家称为远东，把介于两者之间的地区称为中近东，后简称为中东。中东地区的居民以信奉伊斯兰教的阿拉伯民族为主，有阿拉伯国家联盟22个成员国。因此，阿拉伯世界构成中东地区的主体。此外，中东地区还包括土耳其、伊朗、以色列等非阿拉伯国家。

中东地区之所以颇具神奇色彩，因为它具有足以体现神奇特色的要素。第一，中东地区具有显赫而重要的战略地位。该地区为战略要冲，是连接欧、亚、非三大洲的枢纽地区，自古以来就是国际交通要道。第二，中东地区具有悠久历史和灿烂文化。它是人类文明特别是人类早期文明重要发祥地，具有7000年有文字记载的历史。尼罗河文明和两河流域文明在人类文化宝库中放射出奇光异彩。位于西亚的耶路撒冷是犹太教、基督教和伊斯兰教的圣地，沙特阿拉伯的麦加城是伊斯兰教的第一圣城，也是伊斯兰教的中心。第三，中东地区具有丰富的资源，形成了一个巨大的市场。它盛产石油，石油储量占世界石油总储量的2/3左右。尤其是海湾地区，享有“石油之海”之称。丰富的油气资源使该地区成为巨大的石油市场、商品市场、劳务市场、金融市场、军火市场和商品贸易市场。第四，中东地区热点问题集中，是国际社会关注的焦点。多少世纪以来，该地区一直是兵家必争之地。“二战”以来，该地区经历了四次中东战争、黎巴嫩战争、也门战争、两伊战争、海湾战争、伊拉克战争、利比亚战争等重大历史事件。热点问题接连不断，如伊拉克问题、伊朗核问题、反恐问题、苏丹达尔富尔问题、巴以冲突问题、诸多中东国家动乱问题等，均为世人关注。

中国与中东各国人民之间的友谊源远流长。两千多年前的丝绸之路是一条友谊之路、通商之路、文化交流之路。这条路越走越宽。进入新世纪，中国与中东各国之间的传统友谊不断发展，在政治上相互支持，在经济上互利合作，在国际事务中协调配合。这种友谊的长河就像中国的黄河、长江和中东地区的尼罗河、幼发拉底河及底格里斯河一样，奔流不息。

人们对于中东地区的事态发展，对中国与中东国家友好合作关系的深入发展给予越来越多的关心，他们希望能出版一套有关这方面的丛书。杨文学先生就是一位热心人。杨文学是宁夏人，回族。他既是一位企业家，也是一位慈善家。他积极参加社会活动，担任世界杰出回商协会会长。他致力于推动中国与中东各国尤其是中国与阿拉伯国家友好关系的发展。他提出了创作、出版《中国驻中东大使话中东》丛书的设想，并表示愿为出版该套丛书提供资助。他找到我，希望我承担这套丛书的组稿，担任主编。我长期以来从事中东、阿拉伯地区工作，欣然答应了他的提议。我请了一批长期从事该地区工作的同志作为撰稿人，他们中多数是老大使和老外交官。我对他们的积极合作和辛勤努力表示衷心的感谢。

《中国驻中东大使话中东》丛书全面介绍中东各国的历史、政治、经济、文化、教育、风情民俗、名胜古迹等。作者以亲历者的视角描述发生在自己身边的轶闻趣事，介绍中国与中东各国的历史交往和友好合作关系的发展。因此，这套丛书被视为权威之作、精品之作，具有较强的知识性，趣味性和可读性，希望能受到读者的欢迎。

此套丛书的出版得到有关人士如马学林，责任编辑龚玲琳、张萱等同志的大力支持，特表谢意。

丛书主编　中国前驻也门、叙利亚大使

时延春

2011年10月

引言

我是宁夏人，世袭回族。从孩提时代起，我这位穆斯林的脑海中有两大要义不能忘记。一是我所信仰的伊斯兰教源于沙特阿拉伯的麦加，我所仰慕的麦加清真寺、麦地那清真寺和阿克萨清真寺，这三大清真寺均在中东阿拉伯地区。二是我心目中的丝绸之路是条神圣之路，我的故乡宁夏是丝绸之路的必经之地。这是一条友好之路，也是一条通商之路和文化交流之路，宁夏为丝绸之路的畅通和发展作出了重要贡献。

丝绸之路开创了中国与中东阿拉伯地区经贸交流与合作的先河。两千多年来，这种交往从未中断。新中国成立前，由于当时历史环境所造成的种种原因，双方的经贸合作跌入低谷。新中国成立后特别是我国改革开放以来，双方经贸关系不断发展。20世纪50年代初，双方贸易额不足1亿美元。1978年，双方贸易额仅为10亿美元。改革开放后，双方经贸关系迅速发展。2008年，中国与西亚、北非地区国家贸易总额近1787.58亿美元，其中中国与阿拉伯国家贸易总额为1328.39亿美元。2010年，中国与西亚北非地区国家贸易总额增至1970.5亿美元，其中，中国与阿拉伯国家贸易总额为1454.6亿美元。双方的经贸合作已扩大到能源、商品、资金、科技、市场、相互投资、工程承包、劳务、通信、人力培训等各领域，互利共赢的前景非常可观。

中国和中东阿拉伯世界都具有悠久的历史和灿烂的文明，都是人类文明特别是人类早期文明重要的发祥地，都对人类文明作出过重大贡献。两大文明交相辉映，不断交流，相互借鉴，为人类文明留下了许多珍贵的文化遗产，备受世人称赞。双方的友好往来可以追溯到久远的历史年代。昔日，那些令人钦佩的开拓者们披荆斩棘、乘风破浪，开辟了丝绸之路和香料之路。公元7世纪，伊斯兰教创始人穆罕默德就曾说过："求知虽远在中国，亦应前往。"新中国成立后，中国与中东阿拉伯地区国家间的文化交流不断加深。双方在文化、教育、艺术、科技、医学、卫生、新闻、体育、旅游、宗教等方面的交流不断向前发展。中华文明与伊斯兰文明都面临着继承和发扬传统文化精华，吸收人类文明进步成果，积极推动多样化世界和谐发展的任务。这两大文明协调并进，为推动世界文明的进步作出新的贡献。可以预见，丝绸之路上的文化交流之花将会开得更加灿烂。

我欣喜地看到，中国与阿拉伯地区国家之间友好合作关系在不断发展，我愿为推动这一关系的发展尽一份微薄之力。为了让更多的人了解中东阿拉伯地区国家，我提议出版一套《中国驻中东大使话中东》丛书。我的这一倡议得到有关人士的积极响应和大力支持。这套丛书的作者多为老大使和老外交官。他们曾长期在该地区工作，为推动中国与该地区国家间友好的合作关系的发展献出了毕生精力。他们是这一友好合作关系发展的见证人和参与者，有丰富的外交工作的实践经验，对该地区国家有深入了解和独到见解。他们以亲历者视角撰写该套丛书，从而增加了丛书的权威性和实用性。他们在书中提供了大量的第一手资料，并配有大量照片和图片，图文并茂，并作了生动、细致的描绘，从而增加了图书的知识性、趣味性和可读性。我对作者们的辛勤努力表示衷心的感谢，对铁木尔·达瓦买提副委员长做总序深表谢意和敬意。让我们共同努力，推动中国与中东阿拉伯地区国家间友好合作关系进一步发展。

丛书投资、策划者　世界杰出回商协会会长

杨文海

2011年10月

目　录

第一章　基本情况

国名　阿拉伯埃及共和国。

面积　100.2万平方公里。

人口　7950万（2008年12月）。伊斯兰教为国教，信徒主要是逊尼派，占总人口的84%。科普特基督徒和其他信徒约占16%。官方语言为阿拉伯语，中上层通用英语，法语次之。

首都　开罗，人口1830万，是阿拉伯和非洲国家人口最多的城市，其中开罗省人口789.9万。夏季平均气温最高34.2℃，最低20.8℃；冬季最高9.9℃，最低9.7℃。

行政区划　全国划分为26个省，省下设县、市、区和村。各省名称如下：开罗省、吉萨省、盖琉比亚省、曼努菲亚省、迪姆亚特省、达卡利亚省、卡法·谢赫省、本尼·赛维夫省、法尤姆省、米尼亚省、索哈杰省、吉纳省、阿斯旺省、红海省、西部省、艾斯尤特省、新河谷省、亚历山大省、湖省、北西奈省、南西奈省、塞得港省、伊斯梅利亚省、苏伊士省、东部省、马特鲁赫省。

国家元首　2011年2月11日，穆巴拉克宣布辞去总统职务，由武装部队最高委员会掌管国家事务。同年2月13日，武装部队最高委员会发表声明，宣布在6个月后举行总统选举。

国庆日　7月23日。

自然地理 跨亚、非两洲，大部分位于非洲东北部，一小部分领土（西奈半岛）位于亚洲西南角。西与利比亚为邻，南与苏丹交界，东临红海并与巴勒斯坦接壤，北临地中海。海岸线长约2700公里。全境96%为沙漠。最高峰沙伊卜巴纳特山海拔2187米。尼罗河贯穿南北，境内长1350公里，两岸形成宽约3~16公里的狭长河谷，入海处形成2.4万平方公里的三角洲，99%的人口聚居在仅为国土面积4%的河谷和三角洲地带。苏伊士运河是连接亚、非、欧三洲的交通要道。主要湖泊有大苦湖和提姆萨赫湖，以及阿斯旺高坝形成的非洲最大的人工湖——纳赛尔水库（5000平方公里）。

气 候

埃及全境干燥少雨。尼罗河三角洲和北部沿海地区属亚热带地中海型气候，1月平均气温12℃，7月26℃；年平均降水量50~200毫米。其余大部分地区属热带沙漠气候，炎热干燥，沙漠地区气温可达40℃，年平均降水量不足30毫米。每年4~5月间常有“五旬风”，夹带沙石，使农作物受害。

埃及虽然地处非洲，但日平均温度却并不高，因为那里早晚的温差非常大。地中海、红海沿岸地区由于受海洋性湿润气候的影响，日温差不大，越往南方，离沙漠越近，气候变得越干燥，白天越加炎热，夜晚温度下降越多。

埃及的气候宜人，一年中大部分时间都是阳光普照，平均日照达到八小时。即使在夏季（六月至八月）雨水也很少，从欧洲吹来的北风令天气凉爽。虽然沙漠地区的气候炎热，尼罗河谷却可以终年保持平衡适中的气候。从法老时代起，就有许多关于埃及的气候适合疗养的记载。作为医学奠基者的古希腊学者们也格外重视这一点，他们中的大多数人都强烈推荐埃及，推荐大自然慷慨赋予这里的天气和阳光。希罗多德提出，埃及人的健康正是来自于埃及永恒闪耀的阳光。

埃及官方假期

1月7日	基督教派圣诞节
1月19日	宰牲节前夕
1月20~23日	宰牲节
2月10日	伊斯兰教新年
4月25日	西奈解放
5月1日	劳动节
5月2日	闻风节
7月23日	国庆节
10月6日	武装部队节
11月14~16日	开斋节

宪法 永久宪法于1971年9月11日经公民投票通过。宪法规定埃及是“以劳动人民力量联盟为基础的民主和社会主义制度的国家”；总统是国家元首、武装部队最高统帅，由人民议会提名，公民投票选出，任期6年。1980年5月22日经公民投票修改宪法，规定政治制度“建立在多党制基础上”，“总统可多次连选连任”，并增加了“建立协商会议”的条文。2005年2月26日，穆巴拉克总统要求人民议会和协商会议修改宪法第76条，埃及从此开始采取自由直接选举的方式从多个候选人中选出国家总统，取代了过去就单一候选人执行全民

公决的方式。2005年5月，埃及举行全民公决，通过了这一修正案。2011年2月13日，埃及武装部队最高委员会发表声明，宣布中止宪法，组织一个制宪委员会，负责制定宪法修定案，付诸全民公决。同年3月19日，宪法修正案获得通过，修正案对总统任期、候选人资格、司法监督、议员资格确定、副总统任命和紧急状态法等重要内容作了调整。

立法机关 人民议会是最高立法机关。议员由普选产生，任期5年。议会的主要职能是：提名总统候选人；主持制定和修改宪法；决定国家总政策；批准经济和社会发展计划及国家预算、决算，并对政府工作进行监督。2011年2月13日，埃及武装部队最高委员会发表声明，宣布解散议会，并在6个月后举行议会选举。

协商会议是萨达特总统于1979年提出建立并写入宪法的。1980年11月1日，协商会议正式成立。委员共210名，其中三分之二由各阶层、机构和派别选举产生，其中一半应是工人和农民；三分之一由总统任命。根据宪法，委员可连选连任，协商会议设主席、副主席。2011年2月13日，埃及武装部队最高委员会发表声明，宣布解散协商会议，并在6个月后举行选举。

政府 埃及政府共包括如下部委：外交部、内政部、国防和军工生产部、财政与保障部、法律与检察院事务部、水资源和灌溉部、电力和能源部、国际合作部、民航部、司法部、新闻部、司法部、贸易和工业部、石油部、工业和技术发展部、环境事务部、国家行政发展部、通信和信息技术部、投资部、社会团结部、文化部、教育部、高等教育和科研部、卫生与人口部、运输部、农业和土地改良部、旅游部、劳动力和移民部、地方发展部。穆巴拉克下台后，埃及武装部队最高委员会对某些部委进行了调整。

司法机关 法院包括最高法院、上诉法院、中央法院和初级法院以及行政法院，开罗还设有最高宪法法院。检察机构包括总检察院和地方检察分院。

埃及是个神奇的国家，旅游资源非常丰富，旅游业著称于世。我两度在埃及常住，数年内游过了埃及大部分地区，亲身领略了这个国家所具有的魅力。

开罗是埃及的首都，不仅是埃及第一大城，也是非洲第一大城。开罗不仅是埃及政治、经济、文化中心，也作为旅游名城著称于世。开罗位于尼罗河三角洲顶点以南14公里处。公元前3200年出现的奴隶制统一国家，在距开罗30公里的地方建立了首府孟菲斯城，此后历代法老均以此城为其统治中心。公元642年，始建开罗城，后来不断发展扩建，逐渐形成现在的规模。开罗混合着东方和地中海风情的迷人魅力，是多元化文化的熔炉。古代法老文化、古希腊古罗马文明、基督教和伊斯兰教文化并存。在尼罗河东岸的穆卡塔姆山上耸立着萨拉丁城堡，威仪凛然。开罗城内坐落着数不清的清真寺和伊斯兰纪念碑，故该城被称为“千塔之城”。在尼罗河西岸吉萨高原上，巍然耸立着巨大的金字塔和神秘的狮身人面像。在金字塔和古堡之间就是现代化的开罗城。城市里公路纵横，车辆川流不息。夜晚霓虹灯闪烁着美丽的光环，是一座不夜城。花园、广场、俱乐部、娱乐场、豪华酒店、摩天大楼遍布全城，187米高的开罗大厦耸立在城中。永恒的尼罗河从城市中悠然穿过，缓缓流去。每当夜幕降临，法老旅游船在尼罗河中行驶。游客们眼观开罗的万家灯火，耳听悦耳的舞曲，欣赏迷人的东方舞，品尝别具特色的开罗饭菜，自然感到心旷神怡。

亚历山大是埃及第二大城市，全国最大海港。我多次到这里参观访问。这座城市位于尼罗河三角洲西部，濒临地中海，素有“地中海之珠”和“地中海新娘”之称，是一座举世闻名的旅游城市。公元前332年，该城由希腊马其顿国王亚历山大兴建而得名，曾为古埃及托勒密王国首都，也曾是地中海东部政治、经济、文化中心。被誉为古代世界七大奇迹之一的亚历山大大灯塔广为传颂。亚历山大图书馆始建于公元前295年希腊统治时期，被认为是世界上最古老的大型国立图书馆。后来，这座图书馆荡然无存。穆巴拉克执政后，决定重建亚历山大图书馆，他于1988年6月26日出席了重建工程奠基仪式，亲手砌上了两块砖。庞贝石柱一直是亚历山大最出名的标志之一，是亚历山大人为纪念罗马皇帝对城市的贡献而建的标志。建于公元2世纪的罗马剧场和公元3世纪修建的古罗马大浴室因地震被埋入地下，直至20世纪60年代和80年代才被发现。亚历山大还是著名的避暑胜地，这里气候宜人，风景秀丽，夏天游人如织。昔日的夏宫和法鲁克王宫都已成为对外开放的花园。每到夏日，埃及总统到这里办公、接见外宾，成千上万的游客云集此地。亚历山大因此又被称为“夏都”。我国在该城设立总领事馆。我在中国驻埃及使馆工作期间，夏天到此消夏，别有一番风趣。

从埃及文化古迹集中的旅游胜地卢克索顺尼罗河南下，再行驶200公里便到达阿斯旺。阿斯旺位于埃及东南部，古代曾为驿站和兵营，是对苏丹、埃塞俄比亚等非洲国家的贸易要站。这里是埃及花岗石产地，古代方尖碑和金字塔的上等材料均取材于此。尼罗河中散布着星罗棋布的小岛。塞西勒岛上迄今发现了300多块古代铭文碑刻。诸岛上最负盛名的古迹是菲拉神庙。阿斯旺最著名的古迹首推奇特的艾布辛贝勒神庙，位于阿斯旺以南。神庙有大小两座，均雕凿于尼罗河西岸岩石上。大庙高约30米，庙门两侧为四尊拉美西斯二世法老巨大石雕坐像，每尊石像高达20米。小庙两侧有高达10米的6座精美的国王和王后立像。纳赛尔执政时期，修建了闻名于世的阿斯旺大坝，并形成了纳赛尔湖。阿斯旺自然景观也颇具特色，此段的河水是尼罗河水最美的地段，尼罗河中的诸岛风光秀丽。夏季，此地的气温高达40~50℃，酷热难熬。每年的11月至来年的3月属于凉季，气温降至30℃左右，成为避寒胜地。在这个季节，阿斯旺清澈的河水、独特的古迹、幽静的环境和绮丽的热带风光吸引着无数的游客前来观光、度假和疗养。阿斯旺是埃及冬季的旅游胜地。我是在岁末访问阿斯旺的，感到十分舒服。

西奈半岛素有“埃及的东大门”之称，是埃及在亚洲的领土。这块地域位于阿拉伯半岛西北，东临亚喀巴湾，西邻苏伊士运河和苏伊士湾，南临红海，北濒地中海。大部分是沙漠，地中海沿岸多沙丘。气候炎热干燥，植物稀少。尽管此地自然条件恶劣，但却是多种宗教争相传播的地方，也留下许多世界闻名的古迹。著名的古迹摩西山，又称圣山奇峰。圣山之说来源于《圣经 · 出埃及记》。根据此篇记载，公元前1300年左右，在埃及的以色列人不堪埃及法老的迫害，在80岁高龄的摩西率领下逃离埃及。摩西在危难之中接受了耶和华为以色列人制定的十条诫命，被称为“摩西十诫”，从而创造了犹太教。“摩西十诫”对后来创立的基督教和伊斯兰教的教义也有很大的影响。

今日的摩西山以圣凯瑟琳修道院而著称于世。据传，公元4世纪初，罗马皇帝马克西米安在亚历山大镇压和屠杀基督教徒。该城有一位名叫凯瑟琳的姑娘出身名门望族，才貌双全，勇敢聪慧，笃信基督教。她不惧怕罗马皇帝的淫威，当面斥责马克西米安皇帝的行为。皇帝迷恋她动人的姿色，企图纳她为妃，遭她拒绝。皇帝便召集50位当地反对基督教的文人学士与她辩论。凯瑟琳舌战群儒，这些文人学士被她折服，全部皈依基督教。皇帝下令将文人学士全部处死，把凯瑟琳投入监狱，施以酷刑。晚上，皇帝又派皇后和宫廷司令前去规劝，又被折服。皇帝杀死了皇后和宫廷司令，并于307年11月25日将年仅18岁的凯瑟琳砍头示众。上帝为凯瑟琳的虔诚信仰所感动，遂命天使将她的遗体空运到摩西山上。修道士们把她的遗体葬于院内。从此，凯瑟琳的名字冠以“圣”字，被称为圣凯瑟琳。公元337年，东罗马皇帝君士坦丁大帝的母后海拉娜到此参观，下令建造了一座教堂。公元545年，东罗马皇帝诏示在这座教堂基础上修建圣母玛利亚修道院。公元9世纪左右，这座修道院易名为圣凯瑟琳修道院每年大批游客前来游览、朝拜。后来，人们把这里的山称为凯瑟琳山。

阿里什位于西奈半岛的北端。这一带是西奈半岛雨量最多的地区，也是农业区。沿地中海海岸有一条长达20~30公里的椰枣林带，为此地增添了不少生机和风采。沙姆沙伊赫位于西奈半岛南端，濒临亚喀巴湾。埃及政府对此地进行了开发，修建了现代化旅馆和旅游设施。沙姆沙伊赫已经成为风景秀丽的旅游胜地，每年都吸引着大批游客。与此同时，一些大型国际会议在这里召开，一些重要的会谈也在这里举行。沙姆沙伊赫的知名度越来越高。

随着埃及旅游事业的不断发展，旅游活动形式越来越多，并为游客提供形形色色的旅游产品和服务项目，以适应游客的不同需求。

埃及旅游的重点项目是古迹旅游，而重点中的重点是法老时期古迹，这是最能吸引游客的项目。法老是对古代埃及国王的称呼。据考证，“法老”一词最早出自希伯来语，意为宫殿。约自公元前2000年中叶起，埃及人不直呼国王之名，以法老作为对国王的尊称。后来，法老逐渐变成所有埃及国王的通称。在埃及古王国时代，法老自命为“太阳神之子”和“神的化身”。法老对所管辖的臣民拥有至高无上的绝对权力，是奴隶制专政的最高统治者。在一段时间里，法老的坟墓为金字塔。

法老古迹主要集中在开罗、吉萨、亚历山大、卢克索、阿斯旺等地。开罗和吉萨地区的主要古迹有：金字塔群区、萨卡拉区、迈德里亚方尖碑、还有吉萨高地上三座大金字塔旁的狮身人面像、太阳舟和“声与光”表演。亚历山大的主要古迹有：萨瓦里石柱、亚历山大大灯塔、亚历山大大图书馆、古罗马剧场以及古罗马大浴室等。卢克索的主要古迹有：卢克索神庙、卡尔纳克神庙、哈布神庙、哈特谢普苏特神庙，还有神奇的国王谷和王后谷。阿斯旺的主要古迹有：被称为努比亚最大神庙的艾布辛贝勒神庙、塞西勒岛上的300多块古代铭文碑刻、菲拉神庙以及古埃及著名女神伊西斯神庙等。

埃及沙漠绿洲中散布着一些法老时期的神庙，其中以锡瓦绿洲中的阿蒙神庙最负盛名。因此，人们把这片绿洲称之为阿蒙绿洲，北非人称它为“沙漠的天堂”。

在古迹旅游项目中，另一个重点是宗教古迹。在这些古迹中，犹太教古迹、基督教和科普特古迹、伊斯兰古迹各具特色。

宗教对于古埃及人具有重要意义。他们的宗教深受传统影响而拒绝改变，其中最根深蒂固的传统信仰是神权至上，即法老不只是国王（政治上的统治者），而且是神。法老和太阳神之子有关联。后来有一种说法是：法老死后成为司阴府之神，为死去的埃及人造福。

由于这种信仰，法老拥有至高无上的权力。另外，古埃及的牧师很有权威。在太平盛世，人们相信那是由于牧师和法老的忠于职守；而当国家遇到危机时，人们也会归咎于牧师和法老。

古埃及信奉多神教，曾一度信奉一神教。他们的宗教里有约700位神和女神。从多个神中融合创造出一个新的神也是很常见的。

埃及关于人死后的宗教观念闻名于世。他们认为人死后应为灵魂的停驻保留肉体，因此，尸体被制成木乃伊。在古王朝时期，埃及人建筑巨大的金字塔来安放法老，后来则改为石墓。

犹太教古迹主要集中在西奈半岛的摩西山，这里是犹太教诞生之地。“摩西十诫”对犹太民族的发展产生了重要作用。《圣经·出埃及记》一文更增加了这一古迹的知名度。

基督教和科普特教古迹可分为两部分，一部分为基督教古迹，另一部分为从基督教分出来的科普特教古迹。

埃及是基督教最早传入的国家之一。早在公元43年，基督教创始人耶稣的圣徒马可到埃及亚历山大传播基督教，并在该城建立了第一所基督教堂。公元69年，基督教的复活节与拜物教的节日刚好凑在同一天，两教的信徒们在纪念各自节日的时候发生冲突。拜物教徒倚仗人多势强，向马可发起攻击，先将他捆打，再把他强行关押，并继续折磨他，把他活活打死。马可的信徒们几经周折，终于在亚历山大海边找到他的遗体，把他埋葬在马可教堂内。后来，马可的头盖骨和遗骸被盗往意大利，他的信徒经过几番努力，终于找回，重新安葬在马可教堂内。该教堂成为基督教在埃及的重要古迹。基督教在埃及的另一重要古迹便是西奈半岛的圣凯瑟琳教堂。此外，公元4世纪埃及还建造了一些修道院，其中有东部沙漠里的安东尼修道院，西部沙漠里的纳德伦谷地修道院，坐落在红海边高地上的保尔修道院，以及坐落在阿斯旺尼罗河西岸的萨姆安修道院。

公元4世纪罗马皇帝君士坦丁大帝执政，他在其母亲感召下大幅度调整对基督教的政策，改迫害为利用，遂确立基督教为国教。后来，埃及的亚历山大、意大利的罗马和土耳其的君士坦丁堡（后改称伊斯坦布尔）成为基督教三大中心。公元451年，卡尔西顿公会议确定了基督教关于“神性”与“人性”并存的教义，被称为“两性论”。埃及基督教会反对“两性论”，主张“基督一性论”。公元536年，埃及基督教会推选出自己的牧首，常驻亚历山大，并决定宗教礼仪使用科普特语。从此，埃及基督教会从君士坦丁堡教会中分离出来，独立为科普特教。该教的主要古迹有：悬空教堂、圣玛利亚教堂、艾布·苏加教堂、玛尔·贾尔吉斯教堂、圣徒米娜教堂、圣巴尔巴拉教堂、扎伊通的圣玛利亚树等。此外，还有一些修道院。科普特教徒主要居住在上埃及和中埃及的城市里，其中以艾斯尤特城为最集中的城市，大部分人为埃及中产阶级。

在埃及几大主要宗教中，伊斯兰教传入最晚，但发展最快，教徒最多。埃及宪法规定，伊斯兰教为国教。埃及的伊斯兰教信徒主要是逊尼派，占全国总人口的84%。公元640年，随着阿拉伯的入侵，埃及开始进入伊斯兰时期。在漫长的历史岁月中，伊斯兰教徒们留下了大量伊斯兰古迹。在这些古迹中，最具代表性的是清真寺和伊斯兰城堡。最著名的伊斯兰古迹基本上都集中在开罗，这些古迹将在开罗城中另作介绍。

埃及沙漠面积大，为开展沙漠旅游提供了良好的自然条件。沙漠游可分两部分，一部分是沙漠探险游，另一部分是沙漠绿洲游。沙漠探险游主要集中在西奈半岛，这里既有沙漠，又有山区。游客们既能欣赏到沙漠、山地的自然风光，又能领略到游牧部落简朴艰辛的生活，还可在帐篷里体验一下贝都因人的传统习俗。沙漠绿洲游主要集中在埃及西部和南部。游客们在前往绿洲途中可以欣赏到浩瀚的大漠景色，观赏沙漠中的海市蜃楼。沙漠绿洲之游别有一番趣味。在埃及广袤的沙漠中，散布着大大小小的绿洲，其中，锡瓦绿洲以其独具古迹、旖旎风光和奇特风情最为著名。这块绿洲距利比亚仅数十公里，人们称它为“沙漠的天堂”、“绿洲的新娘”和“神秘的绿洲”。锡瓦绿洲坐落在3座小山之间，是一块低于海拔24米的盆地，东西长70公里，南北最宽处约20公里。此地常年无雨，但地下水丰富，有数百个泉眼，被称为“泉眼的馈赠”。在绿洲古迹中，有朱庇特阿蒙神庙、哈齐纳神庙、亡灵山、预言神庙等。古人曾称它为阿蒙绿洲，古希腊统治时期托勒密王朝时将其改名为朱庇特绿洲。阿拉伯人初到此地时，称它为阿克萨绿洲，意为远方的绿洲。从荒凉的沙漠一进入锡瓦绿洲，满目都是绿色景观。这里有果实累累的椰枣树、翠绿欲滴的香

埃及的椰枣林

蕉树、充满生机的橄榄树和长势喜人的农作物，居民大多以种植椰枣树和橄榄树为生。此地居民为穆斯林，游客们可以领略到他们的传统习俗，可以看到穿黑袍蒙面纱的穆斯林妇女。

埃及东临红海，北濒地中海，海岸线长约2900公里，为海洋旅游提供了有利条件。传统的海洋游主要体现在地中海沿岸地区，其中最著名的是亚历山大，夏季游人如织，素有“夏都”之称。西奈半岛的红海沿岸是后开发的海洋游项目。此地有许多优良的天然浴场，尤以塔巴和沙姆沙伊赫为最。这一带海岸遍布平坦的沙滩，海水清澈湛蓝，全年气候和水温几乎都适于游泳、潜水。游客们还可以在这里钓鱼、钓螃蟹、捡贝壳、摸海螺，还可以开展海边野营、野餐等多项活动。海洋游的另一种方式是海上游。此处以海中五彩缤纷的珊瑚和奇形怪状的鱼类而著称。近海的海水水清如碧，一眼便可看到海底。海底花团锦簇的珊瑚构成一幅幅绚丽的图画，各种鱼类悠然自得地穿行其间，俨然一个神话世界。埃及旅游部门专门备有一种船底上镶有透明玻璃的游船，供游人欣赏这种罕见的海底美景。为了适应旅游事业发展的需要，旅游部门修建了一些现代旅游设施。游客们可以看到一簇簇鲜花争奇斗艳，一排排棕榈树高大挺拔，使人感到这里的一切都充满着生机和活力。我从也门的红海边到埃及的红海之滨，充分欣赏到红海的美景。

埃及的自然地貌非常富饶且分布广泛，大量的矿泉和硫泉、神奇的细沙、明媚的阳光、湛蓝的海水都是开展疗养旅游的资源。这些资源中富含矿物质和化学成分，有助于治疗骨骼系统、消化系统、呼吸系统和皮肤科等多种疾病。埃及著名的疗养旅游景点有：哈勒万的温泉、西拉泉、苏赫纳温泉、法尤姆绿洲、阿斯旺的日光浴、西奈半岛的硫泉、红海之滨的古尔代盖和塞法杰等。

埃及的节庆旅游是吸引游客和宣传旅游的最重要手段之一。在节庆旅游活动中，游客们不仅可以领略埃及节庆活动的气氛和特色，也可以尽情地参与其中。这类旅游活动主要有电影节、黄金节、歌唱节、旅游购物节等，以吸引外国游客为主。购物节每年举行一次，从7月20日到8月20日，为期一个月。有的节庆旅游活动举行大型文艺晚会或大型演出，如在大金字塔下举办大型歌剧《阿依达》演出，举办“声与光”表演。

会议与展览旅游是埃及旅游业的新型项目，也是具有深层意义的旅游项目。这类活动的重点是开罗国际会议中心参观旅游。2000年3月初，埃及旅游部决定在该中心举办首届国际旅游展销会，作为促销埃及休闲、文化和康复旅游等旅游产品的指定地点。此外，埃及还有生态旅游、休闲旅游、体育旅游等项目。

古埃及文化——第一个将音乐和舞蹈引入社会生活的文化，古埃及人很懂得享受生活，所有的庆祝活动都离不开音乐和舞蹈。聚会时，艺术家们在竖琴、琵琶、鼓、长笛、铃舌、小手鼓的伴奏下唱歌跳舞。每逢佳节，人们聚在一起和着自己乐队的旋律唱歌拍手，舞蹈演员随着音乐旋转舞动，表演各种技艺。

早在前王朝时期，音乐和舞蹈就已经在埃及的世俗和宗教生活中占据重要地位。音乐对于古埃及人日常生活有着重要意义，从世界各地博物馆收藏的大量乐器中可以得到充分证明。

古埃及陵墓里有许多具有世俗特色的宴会场景。这些场景是对理想化虚拟生活的描述，其中的基本因素在埃及的历史上变化不大，直到建立新的王朝。大约在第十八王朝时期，其特点有了明显的改变，音乐、舞蹈以及场景的整体感觉不同。我们可以看到一些隐含性爱意义的特征。莲花、曼德拉草、发饰、熏香头饰、半透明的衣料以及宴会上人们的各种姿态。音乐、爱与性在很多文明中都是紧密联系的，无论古代还是现代，也无论是在世界的哪个角落，音乐是世俗和宗教生活的重要组成部分。

也许最能体现古埃及人对于音乐舞蹈的迷恋和理解的是这样一幅漫画：驴子演奏竖琴，狮子弹七弦琴，鳄鱼弹着琵琶而猴子吹双簧管。

古埃及的舞蹈绝不只是一种消遣，前王朝时期已有对女神或女祭司舞蹈的描绘，手臂举过头顶。舞蹈无疑是古埃及礼拜和庆祝的重要内容。

来自各个社会阶层的人都享受音乐和舞蹈。劳工在充满动感的歌声和打击乐中劳动，街舞者愉悦着每一位路人。一般来讲，普通音乐家和舞蹈家是宴会和庆典中不可或缺的部分。晚会、盛宴、乔迁之喜乃至神殿祭祀都可以雇用舞蹈团演出。一些富贵人家的妻妾学习音乐和舞蹈。但是，有身份的埃及人不会在公共场合跳舞。贵族通常雇佣仆人或奴隶在宴会上跳舞来娱乐大家。

舞蹈家兼舞蹈学家伊丽莎白·阿蒂米斯·穆拉特（Elizabeth Artemis Mourat）把古埃及的舞蹈分成六类：宗教舞蹈、非宗教的节日舞蹈、宴舞、闺房舞、战斗舞等。一些舞蹈是宗教和丧葬仪式的必须环节，比如Muu舞者，他们穿着裙子，戴着草帽在丧葬仪式上跳舞。

舞蹈和音乐密不可分，法老陵墓和神殿中关于舞蹈的描绘都伴有乐队或由舞蹈者自己用响板或铃舌的伴奏。埃及舞蹈根据其模仿的动作命名，如：“驯兽”、“取金”、“俘获战船”。男性和女性从不一起跳舞，而女性通常表演双人舞。

埃及是电影大国，其发达的电影业在阿拉伯世界首屈一指。有人称埃及影业为“中东的好莱坞”。1895年，也就是卢米埃尔兄弟发明电影后不到一年，埃及就在海滨城市亚历山大的一家咖啡馆里放映了第一部影片。1908年，埃及已经有了十几家放映电影的场所。1917年，埃及拍摄了第一部喜剧片《海为什么笑》，虽然这只是一部半小时的短片，却拥有了“阿拉伯电影之母”的地位。埃及第一部全长度电影是拍摄于1925年的《拉伊拉》，该片在1927年公映时获得了巨大成功，因此，人们通常以这一年作为埃及、非洲和中东地区电影业的发轫年。

当“有声时代”来临时，埃及已制作了13部影片。1935年以后，埃及出现了100多家电影公司，每年生产的影片达几十部，并畅销阿拉伯世界。20世纪四五十年代达到高峰期，并持续到80年代，电影一度成为埃及仅次于长绒棉的第二大出口创汇来源。埃及电影仿佛长了翅膀一般飞入阿拉伯国家的千村万镇，久而久之，开罗土话影响大增，似乎成了阿拉伯世界的通用口语，埃及文化也一时间风靡中东地区。

电影是能够带来巨额利润的重要文化产业，也是人们精神生活的重要食粮。基于这样的认识，埃及文化部门对电影大力投入，帮助、扶持电影人拍摄了一大批兼具较高思想性和艺术性的影片，取得了深远的影响。

埃及出产各种香料，一千多年以前，开罗就已经是世界上最大的香料贸易中心了。今天，埃及仍是许多法国香水的原料产地。埃及香料的品种繁多，功能各异，像麝香、玫瑰、荷花香精等是专门制作香水用的，而枯茗、藏红花、樟脑可用于治疗疾病，眼圈粉可用于眼部化妆。这些香料在哈利利市场和阿斯旺市场街中都有出售。埃及的香水远近闻名，我们喜欢买此香水带回国送人。

埃及是出产香精的大本营，这里的花卉纯度佳，许多国际知名品牌的香水公司都是在埃及当地购买香水原料，想要以便宜的价格购买诸如香奈尔NO.5或CD等各家的香精原料，埃及是最好的地方。

埃及餐饮业也很发达，并独具风味。

埃及人爱吃各种肉类。有人说在伊斯兰世界吃不到猪肉，但在埃及不用犯愁，因为这里有基督教徒。埃及两面环海，海鲜产量丰富，特别在亚历山大和西奈半岛，都有很不错的海鲜佳肴。他们也爱吃各类蔬菜，特别是土豆、豌豆、南瓜、洋葱、茄子和胡萝卜。因埃及处于热带，所以产出的水果大多比较甜，特别是椰枣、西瓜、橙子。近几年，快餐流行于埃及大街小巷，风格也是多种多样，无论游客是喜欢中国菜、西餐还是埃及风味，都能够满足，比较著名的埃及菜肴有“菲莱菲勒”、“沙威尔玛”等。主食有米饭，也有埃及著名的烤饼。他们习惯用自制的甜点招待客人，客人若是谢绝一点也不吃，会让主人失望，也失敬于人。

埃及食品相当有特色，而且价格低廉，种类繁多。

Fuul（富尔）是以菜豆、油、柠檬、碎肉、鸡蛋及洋葱拌成，风味地道。三明治为常用食品，有很多不同配料可供选择。烤鸡亦相当美味，通常都配以蔬菜及面包。

主菜方面，以Kufta（库夫特）及Kebab（烤羊肉串）最为普遍，两者均是以羊肉烧烤而成。

茶及咖啡是当地人最喜爱的饮品，但游客应先通知侍者是否需要加糖，否则所有咖啡或茶都会加两粒糖。此外，鲜榨果汁更不能错过，有芒果、橙、石榴及草莓等，味道一流，有冰冻又有果肉。汽水及矿泉水差不多全国都有出售，芒果汁以亚历山大及开罗的最好，其他地方水准较差且杯子很小。全国到处可见的甘蔗汁，一般25皮阿斯特一杯。

纸莎草纸是埃及颇有名气的特产，纸莎草纸经得起揉搓，若揉搓后破裂的纸莎草纸就不要买。你可以在开罗的莱凯布博士纸莎草研究所和卢克索（在博物馆附近的一条船上）看到真正的纸莎草纸，并可以购买。我在开罗期间，就买了一些纸莎草画带回国内送给朋友。

帐篷制造是埃及的特艺，在街区节日中常常可以看见使用美丽的贴花帐篷。上面的装饰可能是法老时代或伊斯兰时代的人物。但是最好的装饰是抽象的伊斯兰花纹图案或复杂的书法。但没有必要买全套帐篷，它们是分块制造的，你可以买一块作为坐垫。

开罗工匠制造的木盘、棋盘和木盒，用珍珠镶嵌复杂的图案，然后着色，价格低廉。开罗老屋中发现的精致的mashrabiyyas雕花木屏风，有时出现在市场中，但价格很高。

国家货币为埃及磅，简称埃镑。一埃镑又可分为100皮阿斯特。英语为“pound和“piaster”。阿拉伯语的发音为“guinah”和“girch”。纸币的种类有50，20，10，5和1埃镑，50和20皮阿斯特。硬币分为5和25皮阿斯特。请不要接受破损严重的钱币，那样会带来以后付钱时被拒收的风险。除了在饭店和餐馆里付费，50埃镑的流通有一些困难。最好使用20埃镑的钱。此外，有些地方的价码是用美元标出的，但这并不意味着您必须以这种外币付款。若埃镑发生贬值时，美国货币可以起一种参照作用。对于大部分以美元标价的费用，您可以用埃及货币结账。

埃及镑Egyptian Pound（L.E.）：

100埃镑约等于125人民币。

注：外币汇率会随时间不同而有波动。

人民币在埃及无法兑换，请准备所需的外币。

埃及社交礼仪：

握手礼——最好是不要用左手

拥抱礼——力度适中

亲吻礼——根据交往对象不同分为：

吻面礼——一般用于亲友之间，尤其是女性之间。

吻手礼——向尊长表示谢意或是向恩人致谢时使用。

飞吻礼——多用于情侣之间。

埃及驻华大使馆旅游处：

地址：北京市朝阳区霄云路36号国航大厦A1001室

邮编：100027

电话：0086—10—8447 5180/8447 5181

传真：0086—10—8447 5128

Embassy Of Egypt，Tourism Office

Address ￡*A1001，Air China Plaza

N0. 36 Xiaoyun Road，Chaoyang District，Beijing，

China 100027

Tel：0086—10—8447 5180，8447 5181

Fax：0086—10—8447 5128

申请个人旅游签证：

个人申请旅游签证是根据个案决定的。

申请团体旅游签证：

中国旅行社组织团体旅游必须先在使馆登记；

旅行社须为每个旅游团提供一份确认函，内含抵离时间及详细情况、在埃及接待方的名字、旅游团名单，保证全团人员在埃及停留和安全抵离埃及；

埃方的确认函确认此团和抵离时间；

所有护照有效期至少6个月；

每人一张申请表（使馆提供）；

每人一张照片；

机位订单。

费用及注意事项：

一次入境的签证费为145元；

旅游团的成团人数一般不少于5人；

如果旅游团的成团人数超过15人，需要一名领队带团。除了在埃及驻华使馆，埃及驻上海总领事馆和埃及驻香港总领事馆也可以申请签证。还可以申请落地签证，中国旅行社需提前15天将名单报给埃及地接旅行社，埃及地接旅行社可以帮助办理在埃及的落地签证。

商务访问需提供以下资料：

埃及公司的邀请信，说明访问目的、商务活动内容、拟停留时间和谁负担旅费等；

护照有效期至少6个月；

一张申请表（使馆提供）；

一张商务表（使馆提供）；

一张照片；

可能需进一步提供的文件。

一次入境签证费为220元；多次入境签证费为340元。

有关办理埃及签证的问题，可以直接咨询如下机构：

埃及驻中国大使馆（Egyptian Embassy to China）

地址：北京市日坛东路2号（100600）

电话:（010）65321825/65322541

传真:（010）65325365

埃及驻上海总领事馆（Egyptian Consulate General to Shanghai）:

地址：上海市淮海中路1375号启华大厦19楼（200031）

电话:（021）64330502/64330622/64331020

传真:（021）64330049

埃及驻香港总领事馆（Egyptian Consulate in Hong Kong）:

Address：Suite No.1 22nd Floor，SinoPlaza.

255GloucesterRd. CausewayBay. HongKong

Tel.（0085）228270952

Fax.（0085）228272100

第二章　悠久历史

独特的历史与文明

在悠悠历史长河中，埃及人的创举颇多，创造了世界上最古老的文明，被称为先驱文明，为整个人类文明特别是人类早期文明作出了历史性的重大贡献。数千年来，埃及大地上相继产生了多种文明，它曾是法老文化的摇篮，是希腊和罗马文明的抚育者，是科普特文化的灯塔，是伊斯兰文化的卫士。埃及人民自古就以仁爱、宽容、友好和慷慨著称，埃及人民已融合成一个牢固的整体。

一、法老时代

公元前3200年，美尼斯统一埃及建立了第一个奴隶制国家，当时国王称法老。公元前3000年埃及第一王朝创始的文字，是一种表意兼表音的文字，称埃及圣书字，来源于象形的图形，这种文字公元初年被弃用。

古王国时期（公元前2980年至公元前2475年）

在这个时期，埃及文明得到了发展，中央政权的各项原则得以完善，在社会生活的各个领域都出现了全面的复兴。埃及人能够用象形文字书写，法老（即国王）们重视保护国家边疆的安全。埃及和苏丹的贸易往来也活跃起来，埃及迎来了她历史上一段辉煌的时期，被希腊人称为金字塔建筑者的时期。在这个时期建造了第一座金字塔（塞卡拉金字塔）。随着农业和工业的发展，埃及人利用第一支河上船队来运送他们的商品。航海业由此取得了长足的发展，像其他古埃及著名的行业一样，航海业成为有组织的行业。

中王国时期（公元前2160~公元前1580年）

中王国的法老们很重视最有益于人民的工程，于是，农业得以繁荣，手工业也得到发展。埃及的艺术家和工程师创造出了遍及卢克索、法尤姆和艾因·舍姆斯的精美绝伦的文化遗产。同时，这个时期的艺术和文学也出现了繁荣景象。但是，中王国统治末期，埃及遭到了喜克索人的入侵和占领。

新王国时期（公元前1580~公元前1150年）

在国王阿赫摩斯一世消灭了喜克索人并将其驱逐出埃及东部边界之后，安全和稳定又重归埃及大地。埃及由此开始了新的时代——新王国时期。埃及懂得了军事力量对保护国家的重要性，因此组建了强大的军队，从而创建了东起幼发拉底河，南至尼罗河第四瀑布的强大帝国，成为当时的一个超级大国，由此埃及也成为历史上最古老的幅员辽阔的帝国。第十二代王室的法老和王后在政治、战争、文化、文明和宗教等领域获得了世界级的殊荣。著名的法老有“解放英雄”阿赫摩斯；公正的阿蒙霍特普，他颁发了禁止劳役的法令，制订了工资和奖金的公正标准；骁勇善战的图特莫斯，他扩展了埃及的南北疆土，普及了教育，推广了煤矿的开发和采矿业；谨慎细心的图特莫斯二世；具有军事才华的图特莫斯三世，历史上第一位征战者；图特莫斯四世，第一位重视编写和记录国际条约的外交家；阿蒙霍特普三世，历史上最富有的国王，他创办了许多学校“生活之家”，以此来普及教育，发展造型与实用艺术；第一位一神论者阿赫纳通，他是人类历史上第一个倡导一神造万物的国王；以及历史上赫赫有名的图坦阿蒙。

这个朝代最负盛名的女王是塞格乃·拉阿国王的妻子依雅哈·哈特布；阿赫摩斯二世的妻子阿赫摩斯·奈法尔塔莉；“人

图坦阿蒙法老金面像

民之女”、阿蒙霍特普三世的妻子，阿赫纳通的母亲泰依女王；阿赫纳通的妻子奈法尔提蒂女王；还有统治了埃及近20年的伟大女王哈特谢普苏特。在她统治期间，埃及在文化、建筑和国际贸易方面达到鼎盛时期。当时她向“蓬特”国派遣了航海、贸易和科学代表团，同时还建造了最宏伟、最富丽堂皇的建筑古迹，那就是位于尼罗河西岸、卢克索对面的“戴尔·巴哈里”神庙，这座设计独特的庙宇，在所有古代神庙中是无与伦比的。在这个时期还爆发了阿赫纳通“宗教革命”，他倡导崇拜一个神灵，并指定以太阳的圆环作象征。他创建了新的国家首都，命名为“阿赫纳通”。

从第21至28王朝统治期间，先是亚述人于公元前670年占领了埃及，然后又是波斯人占领了她。在第30王朝，亚历山大大帝侵占了埃及，结束了法老王朝的统治。埃及人精通建筑艺术，他们那些不朽的古迹就是最好的见证。在古王国时期，埃及人就建造了石台和金字塔，它们都是丧葬建筑。建造的第一座金字塔是“祖塞尔”金字塔，然后是“米杜姆”金字塔。但是在第四王朝修建的吉萨三大金字塔和狮身人面像则是法老97座金字塔陵墓中最著名的。

在中王国时期，建造了许多供殡葬用的神庙。第12王朝的国王很重视法尤姆地区的水利工程。国王们修建的最有名的神庙是国王阿门曼哈特三世在“哈瓦拉”建造的“拉比郎特”，希腊人称之为“迷宫”，他还在埃及东部边界修筑了很多要塞、堡垒和城墙。

新王国时期是建筑艺术和风格的鼎盛时期，在一些造型复杂、高大宏伟的神庙如卡尔纳克、卢克索和阿布辛拜勒庙宇的墙壁上刻制了许多精美的壁画、铭文和艺术作品。图特莫斯一世时期是金字塔作为坟墓保留下来的一个转折点，在卢克索西部山区腹地开凿了秘密坟墓，里面的丧葬陈设富丽堂皇，国王图坦阿蒙的墓穴很清楚地显示了这一点。

这个时期的艺术家们为了保护墙壁上的绘画，有意识地使用凹刻和微凸刻，以至于不被磨灭和毁坏。最后挖掘出的帝王谷地中的陵墓是拉姆西斯二世子孙的墓穴，它是面积最大的陵墓，里面存放有15具木乃伊。

至于法老的方尖塔则成双成对地建造在神庙的入口，它是用花岗岩雕刻而成的。古埃及帝国时期最华美的建筑典范是埃及东部的“阿蒙”、“胡夫”、“卡尔纳克”、“卢克索”、“拉姆斯尤姆”和建在埃及东部的“哈特谢普苏特”等神庙，还有雕刻在岩石上的神庙，如“大阿布·辛拜勒”和“小阿布·辛拜勒”神庙。

在建筑艺术和造型、实用艺术方面出现了许多新的潮流和倾向，这在大大小小的雕像艺术、神庙石柱装饰以及墙壁彩画上显现得十分清楚。埃及人遗留下来的古迹清楚地证实了他们对书写和文学极为精通。历史不会忘记埃及人在发明书写方面对人类的贡献，古埃及人用黑色或红色的墨汁在草纸上书写，希腊人称之为“象形文字书法”，是由24个象形拼音字母组成的。古埃及人还擅长写故事，他们认为文字是表达哲理和道德品行的工具。

埃及人擅长宗教文学的创作，这些作品涉及宗教信仰和他们对来世生活的看法及宇宙奥秘，还包括丰富多彩的神话、祷告文和歌曲。最古老的宗教作品是《金字塔铭文》和《冥书》。

埃及人一直很重视讲述前人留下来的格言和谚语，同时喜欢在节日、庆典和传统集会时吟诵。

在世界民族中，埃及人最注重记载他们的历史和生活中所经历的事件。伴随着这样的文明步伐，埃及涌现出了一批作家、哲学家和知识分子，他们给我们留下的作品证明了埃及人在思想和文化方面所达到的高度。埃及人喜欢音乐和歌唱，他们用音乐培养后代，喜欢在公共和私人庆典中，特别是在军队里运用音乐；同样，在祷告和送葬时，埃及人也常用音乐。

早在古王国时期，埃及人就会演奏管弦乐器。埃及人发明了各式各样能够弹奏出不同节奏和旋律的乐器，并在不同时代对其进行了改进。古埃及人会用首饰做妆饰，这些首饰精雕细琢，造型美观，妆饰用品来自于天然，例如纸草、椰枣树和荷花，他们也用宝石做妆饰。妇女特别注重妆扮自己，她们使用眼影膏、手镯、瓔珞、戒指、项链和指甲花等。

法老时代埃及人的衣着因所属的阶层不同而异，衣服的质地或是柔软的亚麻，或是从古叙利亚进口的丝绸布料，当时人们的穿着因场合的不同而异。

二、希腊时代

亚历山大大帝在小亚细亚挫败了波斯人后，于公元前333年征服了埃及，并驱逐了波斯人。亚历山大按照法老的方式加冕自己为王，他在为亚历山大城奠基之后，到锡瓦绿洲朝拜了当时举世闻名的“阿蒙”神庙。

公元前333~公元前30年为托勒密统治时期。亚历山大死后，他的一位将领在埃及建立了托勒密政权，该政权从公元前333年一直持续到公元前30年。在早期几代国王的统治时期，托勒密王国一直很强大，后来因埃及人掀起的革命和国王们的软弱而衰败下来。罗马人利用这种冲突将自己的势力扩展到了埃及。公元前30年，“克娄巴特拉”女王统治时期，罗马人消灭了托勒密王国。

托勒密人在亚历山大建造了许多宫殿和花园，从而使亚历山大成为在艺术、科学、工业和商业方面都享有盛名的文化中心。亚历山大还因它被希腊人称为七大奇迹之一的著名灯塔而成为地中海第一大港口。

在亚历山大，兴起了伟大的埃及希腊文明，这体现在亚历山大大学。托勒密人创办了亚历山大大学，该大学的学者们在发现地球围绕太阳转和测算地球周长这些科学业绩方面功不可没。该大学以医学研究特别是解剖和外科手术而著称，其中最著名的学者有：几何学家欧几里得；地理学家托勒密和埃及历史学家马尼通。

托勒密人在亚历山大成功建造了当时世界上最大的图书馆，藏有50多万册纸草书卷。托勒密国王责令每一个到来的学者都要向图书馆赠送一本自己的著作，该图书馆的藏书达70多万册。

托勒密十分尊重埃及人的宗教信仰，建造了许多神庙，如“艾德富”神庙、“丹达拉”神庙和阿斯旺的“法拉”神庙。当时，托勒密人穿着法老的服饰出席正式庆典。

三、罗马时代

埃及于公元前30年被罗马人征服并沦为他们的一个省。埃及随即成为罗马帝国最富有的领地，因为埃及享有独特的地理位置和肥沃富饶的土地，还有欣欣向荣的建筑、文化和文明。农业在罗马时代繁荣起来。

同样，玻璃工业成为当时埃及最先进的工业，埃及创造了吹制玻璃造型技术，并垄断了造纸业。埃及还以生产香水、化妆品和精美的麻纺织品而著称。

当时的埃及首都亚历山大是地中海东部地区最大的贸易和工业中心，也是罗马帝国的第二大城市。在罗马时期，亚历山大大学一直是科学研究中心和世界各地学者的栖身地。

四、科普特时期

科普特文化在公元3世纪末开始形成。科普特原意为埃及人。公元5世纪，科普特人与君士坦丁教会分裂而独立，成立科普特教会。公元7世纪中叶，阿拉伯帝国进入埃及，将埃及原有居民称为科普特人。他们成为埃及少数民族，主要分布在埃及中部及开罗，口语是阿拉伯语，信奉基督教，属科普特教派，宗教仪式中使用古老的科普特语，保持了古埃及的文化特色。

科普特建筑将古老的法老艺术精神再次发扬光大，成为自法老文明、希腊文明和罗马文明在埃及连续不断的艺术锁链中的一环。公元5世纪所建造的教堂是科普特建筑和艺术的典范。正如古埃及人精通音乐一样，在科普特时期出现了与古埃及乐曲的艺术风格相吻合的教堂音乐艺术，现在科普特教堂所演奏的乐曲仍然带有法老的名称，如“辛加里曲”和“伊特里比曲”。

五、伊斯兰文明

公元7世纪，阿拉伯人给埃及带来了伊斯兰教。在伊斯兰统治时期，埃及的建筑和艺术出现了全面的振兴，这在很多兴建的清真寺、城堡、要塞和城墙等伊斯兰建筑上都可以体现出来。同样，在埃及第一个伊斯兰首都富斯塔特市出现的装饰艺术也可以说明这一点，这里建有著名的“阿慕尔·本·阿斯”清真寺。阿巴斯哈里发“穆塔瓦基勒·比拉赫”于伊历245年在“劳代”岛上所建的尼罗河水位测量标尺是埃及最古老的伊斯兰历史文物。

伊斯兰建筑的兴盛可以在“卡塔伊阿”市得到见证，“艾哈迈德本图龙”清真寺是按照“阿慕尔·本·阿斯”清真寺的式样建造的，但其中增加了喷水池、宣礼塔、支柱、装饰和建筑板。清真寺宣礼塔的形状在埃及的清真寺中是独一无二的，它的式样借鉴于被称为“齐朱拉特”的波斯神庙。

伊斯兰建筑在法蒂玛王朝时期得以发展，“爱资哈尔”清真寺是最著名的法蒂玛建筑艺术典范。此外，还有“安瓦尔”（哈基姆·比艾木里拉）清真寺和“阿克马尔”清真寺。“格尤希”陵墓则是建筑穹顶和清真寺的典范。

在“阿尤布”时期，建筑艺术又进一步得到了发展。这个时期最有名望的建筑物是“萨拉丁城堡”，该城堡是从阿尤布王朝到“穆罕默德·阿里”时代伊斯兰建筑艺术的代表作。同样，马木鲁克王朝在建造清真寺、穹顶、神秘派的住宅、宫殿、学校、城堡和公共饮水处等方面也留下了可观的艺术财富。

六、现代埃及

1805~1952年为阿里王朝时期。穆罕默德·阿里于19世纪初成为埃及总督，他在生活的各个方面都进行了与现代精神相协调的多项改革，因此，他被认为是当之无愧的现代埃及的缔造者。他着手组建了一支强大的埃及军队，创办了军事学校，在布拉克开创了造船工业，并在亚历山大修建了造船厂。穆罕默德·阿里还改善了农业生产和灌溉状况，修建了拱桥拦河坝、堤坝和灌溉渠。在工业方面，他兴建了工厂和作坊，以满足军队的需求，并将富余的产品卖给老百姓。在贸易方面，他为国内贸易交通路线的安全采取措施，建立了对外贸易船队，埃及的贸易活动因此而活跃起来。与此同时，穆罕默德·阿里致力于发展教育以满足政府机构对人才的需求。他兴办各种不同水平和专业的学校，并向欧洲派送留学生和引进现代科学技术。

穆罕默德·阿里的后代都试图走他的路，以便设法赶上欧洲文明。在伊斯梅尔帕夏总督时期，行政改革取得了成就，工农业也大大繁荣昌盛起来。他很重视搞建筑，修建了歌剧院，延伸了铁路。1869年开通了国际航行的苏伊士运河。在穆罕默德·阿里统治时期，埃及爆发了几次反对外国干涉的革命，民族运动日益高涨。公元1882年，阿拉比领导的革命以英国占领埃及而告终。1914年英国宣布对埃及实行保护，从而正式结束了埃及对奥斯曼帝国的附属。

埃及背负着英国殖民主义掠夺财富的重负进入了20世纪。在穆斯塔法·卡玛勒和穆罕默德·法里德领导下，反对外国占领的人民抵抗运动和民族运动日渐高涨。1919年在埃及爆发了要求独立的革命，民族领袖萨阿德·扎格鲁尔在这次革命中发挥了非常重要的作用。英国被迫于1922年废除了对埃及的保护，并承认埃及独立。1923年颁布了第一部埃及宪法。

1952年7月23日，以纳塞尔为首的“自由军官组织”推翻了法鲁克王朝，成立了革命指导委员会，开始掌握国家政权。1953年6月18日宣布成立埃及共和国。

1981年10月，穆巴拉克总统时代开始。2011年2月11日，他辞去总统职务，宣告近30年穆巴拉克时代结束。

透过长长的历史画卷，人们可以看到埃及走过的道路和经历的沧桑，也可以看到埃及人民用自己的智慧和勤劳在文明方面所创造的光辉业绩。

第三章　名胜古迹

尼罗河的恩泽

古希腊史学家希罗多德有一句名言:“埃及是尼罗河的恩赐。”的确，源远流长的尼罗河给埃及带来了无尽恩泽，造就了埃及7000年灿烂的文明，哺育了大批历史风云人物。

我在埃及期间，多次听到埃及人对我们说:“别忘了我们埃及有句名言：喝了尼罗河的水，你还要再来。”

自从1965年我第一次到埃及喝了尼罗河水，后来不知多少次又到埃及。1999年9月，我即将结束中国驻也门大使转任中国驻叙利亚大使之际，再次到埃及，出席我驻西亚北非地区23位使节和外交部有关领导及工作人员在开罗召开的该地区使节会议，共商世纪之交该地区形势与工作。会议期间，中国驻埃及使馆安排我们乘法老船夜游尼罗河，观赏开罗夜景和东方舞表演。我信手写下一诗如下：

开罗畅饮尼罗水，
纵论西亚与北非。
不辱使命中华志，
有所不为有所为。

我对尼罗河情有独钟，它给我留下了深刻印象。

每当我回想起在尼罗河畔度过的日日夜夜，记忆的荧光屏上就显现出一幅多姿多彩的风情图画。尼罗河那碧波盈盈的秀丽风光，尼罗河两岸那充满神秘色彩的胜迹遗风，都给我留下了难以忘怀的印象，使我对尼罗河产生了眷恋之情。

我国伟大诗人李白曾有“黄河之水天上来”的千古绝句。尼罗河下游的埃及诗圣艾哈迈德·肖基也写下“尼罗之水自天降”的不朽诗篇。

每当我忆及这些脍炙人口的诗句时，便不由得想到尼罗河的那段自述：“我与天地同庚，像宇宙一样壮丽；我辽阔、美丽，历史悠久，像诗歌一样引人入胜。”

前人曾这样描绘尼罗河畔奇妙的景色：“在河谷的土地上，到处是绿油油的青草，金闪闪的谷穗，红艳艳的葡萄。这是夹在两片灼人的沙漠之间的一个水流不断、花果丛生的人间天堂。”

乘船游览尼罗河的最佳时节当数春季。在这个季节里，尼罗河清幽恬静，明澈如镜。我曾不止一次地春游尼罗河，每每产生如在画中游之感。

每次泛舟尼罗河上，我都喜欢站在甲板上，如痴如醉地观赏这一大自然的杰作。这时，尼罗河的旖旎风光就像一幅巨大的画卷展现在我的眼前。

画卷的第一层是秀水潆洄的尼罗河河面。明媚的春光照射在宽阔的水面上，把河水染得斑驳陆离，波纹若绫。游艇驶过，荡起一圈圈涟漪，宛如一条条洁白的素绢在水面飘动。

画卷的第二层是岸边大片丛生的芦苇和参差不齐的树木。这些植物由于喝足了尼罗河水，又吸收了充足的阳光，绿得醉人。它就像碧绿的天鹅绒一般，倒映在翡翠般的河水中，呈现出海市蜃楼般的情景。

画卷的第三层是绿树遮掩下的河岸公路。柏油马路上车马如潮，各种卡车、轿车、人力车、畜力车、拖拉机川流不息，熙熙攘攘。河岸公路的躁动与大河河面的恬静形成鲜明对比，宛如两个世界，但又构成一个整体。

画卷的第四层是两岸大片农田。田里的农作物翠绿欲滴，树上的果实压满枝头，田埂上鲜花娇嫩艳丽。这恰似一条五彩缤纷的阿拉伯地毯，又好似一首优美的田园诗，韵味无穷。

画卷的第五层是依稀可见的村落农舍和缕缕炊烟。那是埃及农民世代生活的地方。田里的农民有的仍在从事手工劳动，有的已经实现了机械化。不少农村盖起幢幢楼房，高入云天的烟囱是现代化厂房的象征。这是尼罗河畔的农家乐，它既体现了几千年来埃及农村传统的古朴，又意味着埃及农村正在发生巨大变化。

我把视线移向前方，河中艘艘游艇、点点渔舟历历在目，一幅百舸争流的画面。纵目远望，只见碧空如洗，丽日当空，巨河缓流。我自然忆起韩愈的“江作青罗带”的诗句，尼罗河就像一条玉带向前延伸。

我置身在这如画的情景中，眼前绿水连着蓝天，蓝天连着绿水，水天一色，浑然一体。不由想起了白居易在《忆江南》那首诗中所描绘的景象：“日出江花红似火，春来江水绿如蓝。”此时，阵阵柔风迎面拂来，送来了尼罗河水清新湿润的空气，也送来了岸边田野里泥土散发的芳香，它就像甘醇的美酒般令人陶醉。

在尼罗河中游览，我很自然地想到了莲花。阿拉伯人把莲花称为“尼罗河新娘”，埃及人把莲花作为国花。

相传很久以前，尼罗河曾是莲花的故乡。那时，在尼罗河两岸大片土地上，到处都生长着亭亭玉立的莲花。每年尼罗河水泛滥之际，便是莲花盛开之时。在这个莲花王国里，呈现出“接天莲叶无穷碧，映日荷花别样红”的迷人景色。

尼罗河畔的莲花品种繁多，主要有红、白、蓝三个品种。红莲花是公元前525年由印度经海湾传入埃及的，被称为“尼罗河的红白荷花”或“埃及蚕豆花”。现在，这种红莲花已不多见。“尼罗河新娘”的杰出代表要数白莲花，人们又称它为“百合花”或“香翘摇”。每当夏季来临，在密密层层的绿叶中间，绽开着硕大的花朵。这种花白中透红，妩媚嫣润，宛如下凡的仙女，又似出浴的美人。它既有婀娜多姿的容态，又具傲视污泥的节操，备受人们赞美。早在金字塔问世之前，

今日尼罗河畔

尼罗河两岸就长满这种白莲花。蓝莲花被称为“阿拉伯的睡莲”或“木甘兰”。这种莲花也开得鲜艳夺目，多姿多彩。昔日尼罗河畔一望无际的莲花世界已不复存在，但在埃及植物园中和一些大公园里，仍可看到这些莲花的后裔。

夜游尼罗河别有一番情趣。一走进游艇，便可听到乐声阵阵，舞曲频频。特聘的舞女伴着舞曲和手鼓翩翩起舞，舞姿优美多变，节奏明快而又强烈，给人以美的感受。欣赏完东方舞后，登上甲板观看夜景，又是一大乐趣。这时，满天繁星眨着眼睛，一轮明月挂在天空，洒下满地银辉。整个开罗一片通明，万家灯火斑驳陆离，交相辉映，犹如满天繁星坠落。尼罗河带着这明月、繁星和灯火的倒影缓缓流去。

如果有机会沿江而上，便可领略到尼罗河中上游的美丽风光。尼罗河全长6700公里，是非洲第一大河，世界第二大河，流经9个非洲国家。它有东、西两条上源河流：西源长，称为白尼罗河；东源短，称为青尼罗河。

尼罗河西源源头为维多利亚湖。这是非洲最大的淡水湖，有卡盖拉河、马拉河等注入，湖岸曲折，良港遍布，风景优美。湖水从此口流出处形成里本瀑布，为白尼罗河水源。白尼罗河长2900公里，流经地区群山重叠，大小湖泊星罗棋布，滔滔河水绕行其间，形成一些大瀑布。白尼罗河流经地区最大的默奇森瀑布高达40米，气势磅礴，非常壮观。此河上游雨量分配均匀，且有许多蓄水湖可以调节水量。当它在流经以苏德沼泽区为中心的大片沼泽地带时，流速减缓，大量杂质沉淀河床，河水纯净而呈白色，故被称为白尼罗河。

尼罗河东源为青尼罗河，又称阿巴伊河，全长1700公里，出自埃塞俄比亚高原上的塔纳湖。这条河虽然短一些，但由于上游夏季雨量充沛而又集中，为尼罗河提供了6/7的水源。它流经的地区多岩质，河水呈湛蓝色，故被称为青尼罗河。

青、白尼罗河汇合于苏丹首都喀土穆。两河汇合处的河水各呈原色，并不相混，平行地向前奔驰。它犹如两条颜色迥然不同的彩带平铺在一起向前飘动，景色宜人，堪称世界一大奇观。喀土穆坐落在青、白尼罗河的汇合处，看上去与象鼻子的轮廓相似，人们便称它为象鼻子城，喀土穆在阿拉伯语中便是象鼻子之意。

从喀土穆到尼罗河入海口，人们用不同的方式表达对尼罗河的敬慕感激之情。

数千年来，埃及人一直对尼罗河顶礼膜拜。在法老时代，古埃及人把尼罗河称为造物主和太阳神。每年尼罗河泛滥期，人们便选一美女抛入河中，作为尼罗河新娘。尽管后来模特儿代替了真人，但“尼罗河娶妇”的风俗却一直延续下来，它已成为埃及农民一个盛大的节日。

每年8月尼罗河娶妇之夜，“新娘”下河处呈现一派热烈场面。这时，河岸上灯火齐明，如同白昼，空场上人山人海，摩肩接踵，挤得水泄不通。人们最大的兴趣是观看烟火。埃及的烟火别具特色，有的像束束鲜花，有的像串串星斗，有的条幅上绘有尼罗河图案，有的图案中画有埃及国旗。尼罗河上空被五颜六色的烟火照得一片通红，尼罗河岸边人群沸腾。人们敲锣打鼓，鸣放礼炮，乐队演奏各种乐曲，装饰艳丽的妇女发出阵阵“惹惹”声。有些人兴趣盎然，翩翩起舞。人们尽情地唱啊，跳啊，笑啊，把全部感情都献给了尼罗河。

的确，对埃及人民来说，尼罗河是条恩泽之河，是条神圣的母亲河。埃及具有7000年历史的文明就发源于尼罗河畔。

这里的名胜古迹瑰奇绚丽，历史文物洋洋大观。

2400多年前，古希腊史学家希罗多德（约公元前484~前425年）曾激情赞美尼罗河。尼罗河哺育了创造奇迹的人民。数千年来，尼罗河两岸人民为人类文化作出了宝贵贡献。古埃及人民发明创造了象形文字、复合拼音文字、数学、几何、天文、历法、医学、水利学、雕刻艺术，在生产技术、土木建筑技术等方面也都取得了惊人的成就。

20世纪中叶，埃及人民在尼罗河上建造了阿斯旺高坝，这是一项名垂青史的巨大工程。高坝工程从1960年1月9日破土动工，到1970年7月23日宣布竣工，历时10年。整个工程使用建筑材料4300万立方米，其体积相当于开罗附近大金字塔的17倍。它由主坝、溢洪道和发电站三部分组成，主坝全长3600米，坝基宽80米，坝顶宽40米，坝高111米，是世界七大水坝之一。高坝拦成一个大水库，长达500公里，宽10公里，总面积为5000平方公里，设计蓄水量为1570亿立方米。高坝和大水库在溢洪、灌溉、发电、养鱼等方面都发挥了重大作用。周恩来总理曾高度赞扬“阿斯旺水坝宏伟的建设工程体现了埃及人民改造大自然、变沙漠为良田的雄心壮志”。阿斯旺水坝被评为20世纪最宏伟的世界十大工程之一。

埃及和非洲人对尼罗河的恩泽感激不尽，世世代代歌颂着它。2500多年前，埃及农民在引尼罗河水灌溉农田时曾唱着这样一首民歌：

尼罗河水清又甜，
两岸青葱，波光潋滟，
美哉幸福河，

人间好乐园。

1982年12月，我曾到阿斯旺高坝参观，写诗一首：

高坝耸云间，
尼罗截断，
浑然一体景壮观。
改造自然梦今圆，
人定胜天。
湖面荡渔船，
溢洪发电，
苍茫沙漠变良田。
世纪工程垂青史，
恩泽万年。

金字塔之谜

北非尼罗河流域、西亚的底格里斯河和幼发拉底河两河流域及地中海沿岸，是人类早期文明的重要发祥地。在人类历史上，这些地区都曾出现过灿烂文化，古迹众多。在这些古迹中，有公元前2600多年在埃及建造的金字塔；公元前604~前562年在伊拉克建造的巴比伦空中花园；公元前560年在土耳其建造的埃弗兹月亮女神庙；公元前457年在希腊伯罗奔尼撒岛上建造的奥林匹亚宙斯像；公元前4世纪在小亚细亚建造的摩索拉斯陵墓；在地中海和爱琴海之间的罗得岛上建造的太阳神铜像以及公元前270年在埃及亚历山大建造的大灯塔。这些古迹是那些地区宏伟建筑的代表作。相传公元前古希腊时期，地中海沿岸的腓尼基旅行家昂蒂帕特曾赞美这些古迹是“世界七大奇迹”。这种说法世代相传，一直沿袭至今。

在这七大奇迹中，每个奇迹都有它神话般的传说，也都有令后人感到迷惑不解的奥秘。埃及的金字塔历史之悠久、规模之宏大、建筑之神奇、奥妙之深邃，亘古未有，堪称世界古代七大奇迹之首。又由于其他六大奇迹之景都已荡然无存，金字塔就愈显珍贵、神奇。它是人类文明的象征，被誉为“人类所曾经创造的最伟大的纪念物”。它无疑是埃及的骄傲。

我不止一次参观过金字塔。在艳阳普照的日子里，我站在它的面前，思忖着金字塔一名的来历。由于它呈方锥形，形似我国汉字中的“金”字，所以被译为“金字塔”。我仰望着这

埃及第一座金字塔，塞卡拉金字塔

座巍峨的方锥形建筑物，赞叹不已。在朦胧的月色中，我在金字塔前的沙地上，观看著名的“声与光”表演，法老低沉、浑厚而充满自信的声音把我带到那个久远的历史年代。

那是公元前2600年8月的一天上午，丽日当空，大地生辉。开罗西南约6英里的地方出现了一队人马，为首的是大名鼎鼎的古埃及第四王朝第二个国王胡夫（又译为库夫或库孚）法老。虽有和风徐徐吹来，但夏日的骄阳仍使他感到灼热难忍，不一会儿便汗水涔涔。随身侍卫立即撑起金光闪闪、色彩鲜艳的大御伞，为胡夫法老遮住了强烈的阳光。法老身后站着一排人，其中有他的四个儿子胡尔杜夫、哈佛拉、达达夫拉和考阿布，以及他的堂弟、著名的大建筑师海米昂。

身躯高大的胡夫法老目光炯炯，首先环视了一下周围的环境，然后把手一挥，率领众人登上海拔105米的高坡。这位法老在如此炎炎烈日烤照下来到此处并非为了游玩，而是要为他身后选一块墓地，以便能在有生之年亲眼看一看他死后安息的坟墓。

胡夫法老站在高坡上，放眼远眺，尼罗河的秀丽景色尽收眼底。在法老时代，古埃及人把尼罗河称为“造物主”，对尼罗河顶礼膜拜。胡夫法老凝视着这条静静的大河，沉默了片刻，然后斩钉截铁地说：“我的坟地就选在这里吧！”

负责设计和修建法老坟墓的海米昂一面点头称是，一面将他在草稿上绘就的法老坟墓设计图和一个小模型展现在他面前。法老睁大了眼睛，全神贯注地看着图纸和模型。这是一个方锥形的建筑物，设计新颖，气势雄伟。胡夫法老一会儿用手抚摸着金字塔的小模型，一会儿用手捋着他那令人羡慕的假胡须。他一言不发，又陷入沉思中。

海米昂毕恭毕敬地站在胡夫法老身旁，细心观察着法老表情的变化，诚惶诚恐地说：“陛下，您是上、下埃及的国王，祝您万寿无疆！将来您就住在这座不朽的金字塔中。您的躯体和英灵将和这座金字塔一样，与山河共存。不论是在白昼还是在夜晚，您都可以乘上太阳舟，去造访太阳神。埃及人民将为您完成这项宏伟工程。我已经找首相谈过，让他征集10万民夫，归我调动指挥。每年夏季是尼罗河泛滥期，时间长达三四个月，这是我们施工的好机会。我想，尼罗河神哈庇也会佑助我们的。”

古埃及人把尼罗河神哈庇想象成既具男性又具女性半人半兽的模样，其男性特征是下颌长着胡子；其女性特征是腹中有孕，两个丰满的乳房滴下乳汁。古埃及有些法老敬它为太阳神。

胡夫法老一听海米昂提到太阳神和尼罗河神哈庇，十分高兴，立即打断海米昂的话，用浑厚的语调对他说：“王宫金库里有多少金银财宝你是清楚的，我们能搞到多少石料你也是清楚的。距我们不远的正前方有一座小山丘，你们可以取山上的石头来建造金字塔。阿斯旺有许多石料场，你们也可以把那里的花岗石运来，修建庙宇、殿堂和墓室。如果仍嫌不够的话，还可以从努巴和赫尔谷地运来石料。”海米昂洗耳恭听，将国王的圣旨一一记下。

胡夫法老停顿了一会儿又继续说：“一年中有三个月是尼罗河泛滥期，是运石料的理想季节。为了让工人干得好，你们应在金字塔下方修建一工人村，让那些运石料的工人有地方睡觉休息。一年中的另九个月用于采石料，也要为采石工人修建工棚。在工人村里要配备一定数量的官员，负责管理工人的食宿。还要向工人发放一定量的粮食，以便让他们养家糊口。”

海米昂连连点头称是，他说：“国王陛下，全埃及人民都想为您尽忠效劳，使您称心如意，也会使最伟大的太阳神感到满意。”接着，他向胡夫法老详细汇报了关于建造大金字塔的具体设想。根据他的设计图案，这座金字塔高达146.5米，角度为52度，底面呈正方形，每边长230多米，占地面积5.29公顷。金字塔的外表将用雪白的石灰石砌成。每当太阳升起后，胡夫法老所崇拜的太阳神将洒下万道金光，把金字塔照得闪闪发亮。在墓穴里面，将修一些台阶，称为“胡夫天涯”，以便让法老百年之后，每天早晨沿着这些台阶去见太阳神。

胡夫法老对海米昂的设计方案表示赞同。从此，海米昂就全力承担起监造大金字塔的任务。不管是春夏秋冬，还是严寒酷暑，他都亲临现场指挥施工，解决难题。海米昂遵照胡夫法老的嘱咐，在离金字塔不远的地方修建了工人村，又为经常前来视察施工现场的胡夫法老修建了休息室。在修建大金字塔的过程中，法老的小儿子考阿布不幸夭折归天，海米昂遵照胡夫法老的命令，指挥工人在大金字塔的东边为考阿布修建了一座坟墓。

修建金字塔的工程持续了23个春秋，整个建筑用230万块石头砌成，每块石头平均重约2.5吨，最大的一块重约16吨。

公元前2560年，胡夫法老驾崩了。他的儿子负责把他葬在早已修好的大金字塔内，并下令把各道门都封闭得严严实实。不久，海米昂也病逝了，安息在大金字塔西边的坟墓里，以便随时听从法老的召唤。

胡夫法老死后，他的大儿子胡尔杜夫执政了一段时间便溘然长逝，接着由其二儿子哈佛拉继任国王。哈佛拉在他父亲陵墓的旁边修建了一座金字塔，作为自己的陵墓，后人称之为哈佛拉金字塔。这座金字塔虽比胡夫金字塔低了3米左右，但其附属建筑却更加完整壮观。怎奈到了哈佛拉的儿子门卡乌拉执政时期，朝政腐败，国势衰退，财政拮据，无力大兴土木。因此，门卡乌拉的金字塔仅有66米高，是名副其实的孙子辈金字塔。从他这里开始，金字塔的建筑日趋衰落。

自胡夫法老的金字塔修成至今已有46个世纪，祖孙三代的金字塔仍然矗立在吉萨的沙漠中，傲对碧空。多少世纪以来，人们对这一举世闻名的奇迹肃然起敬，同时又对它的奥秘感到迷惑不解，都想解开金字塔之谜。

古希腊史学家希罗多德在论及大金字塔的建造方法时这样写道："开始修建这座金字塔时，须先修筑一阶梯式外壳。完成外壳之后，再利用杠杆原理所制成的机械，将石块逐段由最下层阶梯往上搬动。由此可测知，搬运石块的机械须配合阶梯的数目。不过，如果这些机械本身容易搬动的话，则往往依次被搬到上段应用，依序先完成金字塔的顶部、中部，最后完成接近土地的下面部分。"人们认为希罗多德这段论述不能说无道理，但他仅仅是从想象出发，对金字塔的建造方法提出一种推测。

据传，第一个为揭示金字塔秘密而采取实际行动的人是哈里发马蒙。公元820年，他首次参观金字塔，为这座宏伟的建筑物所倾倒。为了解开其中的秘密，他命令建筑师们打开胡夫大金字塔。建筑师们使用了火、醋和杠杆，费了九牛二虎之力，才在金字塔上打开一个洞。他们在洞中发现一个用绿宝石雕成的盆，盆中装有1000金第纳尔，每个金第纳尔重一盎司。令人感到奇怪的是，这些金币的价值与在金字塔上打开缺口所需费用的总额恰恰相等。哈里发马蒙猛然意识到，当年修筑大胡夫金字塔的建筑师们早已推算出，何人要在何时何处开洞，开洞需要多少费用，所以事先就把这些金币放在后人要开洞的地方。另据认为，金字塔内筑有隐蔽的砌道，里面设有重要的机关陷阱，以防盗墓事件。

后来，一代又一代的科学家、学者、探险家们怀着浓厚的兴趣，对金字塔进行过一次又一次的探索。他们时而钻进金字塔腹中，时而围着金字塔转来转去，时而面对着巨大的三角形锥体暗自思索，时而三五成群地展开讨论。有人用炸药炸开了金字塔的大门，有人用激光或紫外线对金字塔的石块进行分析化验。随着科学技术的不断发展，人们对金字塔的研究越来越深入，对金字塔有了越来越多的认识。

科学家和史学家们认为，公元前3000年左右人类文明由石器时代进入金属器时代，埃及的尼罗河流域成为这个文明时代的一个重要发祥地。尼罗河水的定期泛滥，既给沿岸农民带来从事耕种的沃壤，也给他们造成了严重的自然灾害。生产的发展和生存的需要促进了埃及人智慧和知识的发展，也促进了科学技术的发展。与此同时，尼罗河流域出现了强大的国家，法老成为国家至高无上的统治者，全体臣民对法老顶礼膜拜，并把法老作为神的化身。法老们生前建造一些宏伟神殿，为能在死后让自己的灵魂复苏和转世，便大兴土木修建坚固而壮观的坟墓。当时生产的发展和科学的进步也为建造这样的建筑物提供了必要条件，于是，金字塔便应运而生。

尽管人们对大金字塔的研究和探讨在不断深入，但这座充满奇迹的巨大建筑物至今仍有许多未解之谜。

直到现在人们仍然感到不解的是，远在4600多年前，古埃及人如何把230万块石头凿好，运到现场？又如何将重达16吨的石块搬到金字塔顶？

在不用灰浆和水泥的情况下，如此宏伟巨大的建筑物为何能这般坚固，不仅能经得住数千年的考验而不松散倒塌，而且让后人在开凿时遇到重重困难？

大金字塔的设计者果真是海米昂吗？如果真是他，他是如何设计出在现代人看来都是奇迹的金字塔？他又是如何把10万人的施工队伍组织得井井有条？

这个约40层楼房高的建筑物，其东南角与西北角的高度误差仅1.27厘米；大金字塔几乎准确地指向正北方，用现代最精确的仪器测量表明，它的角度误差仅为3分6秒；金字塔各个部分组合得几乎天衣无缝，里面走廊系统是一个由通道与房间巧妙结合的整体，其中所有交叉点、立方体、坡度和凸出部分的高度都算得极为精确，这在现代建筑史上也堪称一流水平，古埃及人是如何将大金字塔的角度和斜度计算得如此准确？

一些科学家和学者提出了一些大胆的命题和概念，如，大金字塔的基线长度为365.24埃尺，它等于公历一年的天数。还如，如果大金字塔的周长除以它的高度两次，就可以得出阿基米德的圆周率。再如，甚至有人认为，大金字塔的建筑师们已经推算出地球极地的半径长度、地球到太阳的距离、地球自转24小时轨迹的长度、岁差周期的年数、平常年的天数、闰年的天数、时刻的单位与一周七天的分法、地球的密度、地球的平均温度、陆地的分布，等等。

另外一些科学家得出了一些神秘的结论，如，人长期生活在金字塔内可以防止老化；饿死在金字塔内的猫和狗的尸体不容易腐烂；把储存在金字塔内的刀片取出后放在阳光下或月光下，这些刀片会变得更加锋利，等等。

长期以来，人们围绕这些问题进行研究，展开争论，但都无法用科学道理完满地回答这些问题，也无法说服持不同意见的人。由于存在这些解不开的谜，无怪乎有人说，金字塔是由天外来的宇宙人修建的。他们建好后，又重返故乡，在金字塔中留下许多奥秘，让地球上的人将这些奥秘作为永恒的课题，不断进行研究和探索。埃及和许多国家的科学家不同意这种荒诞的说法，他们相信，人类的祖先能建造起金字塔，后代人一定能探索出金字塔的奥秘，并能创造出新的奇迹。

1954年5月，埃及考古学家卡玛尔·马拉赫在大金字塔旁边作业时，意外地发现一个石坑，里边存放着一条拆散的木船。这就是赫赫有名的太阳舟，它是古埃及人民创造的又一个奇迹。

考古学家们断定，这艘太阳舟就是胡夫法老生前乘坐的一艘御船。传说这位法老及他的臣民奉祀太阳神，把太阳神尊为至高无上的神。他们认为尼罗河谷就是广阔的宇宙，而太阳神就是尼罗河谷的生命和美的创造者。他们把日出和日落解释为太阳神每日乘船做两次航行，日出意味着太阳神由东航行至西，日落意味着太阳神由西航行至东。胡夫法老对太阳神佩服得五体投地，自诩为太阳神之子。于是，他下令造了这艘大船，将其命名为太阳舟，以便能仿效太阳神，每天乘上它做两次航行。这正如大金字塔的设计者和施工组织者海米昂对胡夫法老所说："不管是在白天还是晚上，您都可以乘上太阳舟，去造访伟大的太阳神。"

公元前2560年，胡夫法老死在埃及当时的首都孟菲斯。

他死后，御医按照制作木乃伊的要求，先将他的尸体做了防腐处理，然后由胡夫法老的三太子达达夫拉用这条船将他的木乃伊送到吉萨，葬入大金字塔中。胡夫法老入葬时，带进了许多陪葬品，其中有金银钱币、贵重饰物、书籍药品，还有他生前最喜爱的这条太阳舟。为了埋葬方便，达达夫拉命令工人把太阳舟拆卸成650个部件，共1224块，其中最长的一块长达23米，最短的一块不到10公分。达达夫拉又下令在胡夫大金字塔南侧挖了一个长31米、宽2.6米、深3.5米的大石坑，将太阳舟的全部部件都埋在里面。当时的科学家对坑内做了防腐处理，然后在石坑上面覆盖41块大石板，象征着胡夫法老时代埃及全国41个州。这些石板每块长4.5米，宽0.8米，厚1.8米，平均每块重1.8吨。

最后一道工序是把大石坑密封好。这样，石坑内的太阳舟度过了4600多个春秋，不蛀不烂，依然如故，这不能不算是一个奇迹。

埃及考古学家们经过细心勘察，成功挖掘出太阳舟的全部构件。他们又经过长时间的精心整理，恢复了太阳舟的原貌。为了陈列这艘太阳舟，埃及政府在大金字塔南侧修建了太阳舟博物馆。

太阳舟博物馆面积不大，但造型优美，看上去小巧玲珑。博物馆两侧装有透明的玻璃，保证馆内有充足的光线。为使观众能看清太阳舟的每个部件，博物馆建筑分上下层，太阳舟就被钢架托起在博物馆中央的空中。笔者曾多次到这个博物馆参观太阳舟。这是一条被涂成棕色的木船，全长43.4米，最宽部分为5.9米。船头高6米，设有船长指挥室。船尾高7.5米，设有两间船舱，长9米，宽4米。船尾配有两桨作舵用。

船中间两侧各配有5支桨，每支桨长8.5米。全船共有12支桨，每支桨配有两名水手，运行时共需24名水手。此外，备有一根长篙，供试探水深之用。还有一把木槌和两根木楔，是准备抛锚时用的。这就是太阳舟的全部结构和备件。

在科学技术高度发达的今天，建造这样一艘木船被视为一件轻而易举的事，但在4600年前，却是一个奇迹。尤其令人赞叹的是，全船找不到一颗铁钉。当时船匠们以棕绳代替铁钉，在木板上穿凿了4000个洞，用5公斤棕绳把整条船穿起来。讲解员介绍说，古埃及人已懂得运用热胀冷缩的原理，成功地造了这条太阳舟。经科学家们考证，船上用的木料是黎巴嫩杉木，杉木下水后就会自然膨胀，而棕绳遇水后则会冷缩。船下水后，所有缝隙都被堵塞得严丝合缝，把太阳舟的每一部分都拴得牢牢的，整条船变得非常牢固。这艘船建成后，胡夫法老把它作为一条御船。

参观完太阳舟博物馆，我浮想联翩。20世纪50年代在大金字塔旁边发掘出来的这艘太阳舟，作为埃及古代的另一个奇迹，又为人类文化宝库增添了一颗璀璨的明珠。太阳舟与金字塔一样，都是古埃及人民劳动的成果和智慧的结晶，永远为人们所纪念。透过这些人类文明的窗口，我注意到这样一个历史现象：在一定历史条件下，人类的智慧可以得到最大限度的发挥，科学技术也会得到迅速发展并产生巨大的威力。在这种情况下，人间奇迹就会脱颖而出。太阳舟被发掘出来也说明，金字塔中及周围地区确有不少奥秘等待人们去发掘。

在距金字塔不远的地方，雄踞着一尊巨大的狮身人面像。我在开罗期间，曾多次在朦胧的月夜里到金字塔前观看“声与光”表演。那时，我借橘黄色的灯光注视着狮身人面像

作者在太阳舟前留影

威严的面孔，听着扩音器里传出的狮身人面像的自我介绍："我于公元前2550年出生在埃及。我这个大大的脑袋是哈佛拉国王的头部，象征着我的智慧。我那个长长的狮身象征着我的力量。"

狮身人面像还有另外一个名字，叫斯芬克斯，这是希腊人对它的称呼。在古希腊神话中，斯芬克斯是一个带翼的狮身女怪。据说她经常让过路人猜谜，谁猜不出就杀死谁。有一次，她的谜底终于被俄狄浦斯道破，她便立即自杀。后来，人们便常用斯芬克斯来隐喻高深莫测的"谜"式人物。2300多年前。希腊人统治埃及时，把狮身人面像称为斯芬克斯，一方面因为狮身人面像与希腊神话中的带翼狮身女怪有相似之处，另一方面因为希腊人对狮身人面像及金字塔的奥秘感到迷惑不解。他们认为，这些古迹充满解不开的谜。

狮身人面像身高20米，全长57米，仅一只耳朵就有2米高。在阿拉伯语中，它被称为“阿布·豪尔”。在古埃及，狮身人面像象征着法老的威严。

狮身人面像落成后，狮身部分被黄沙湮没，只有人面部分暴露在外。直到公元前1406年图特莫斯四世执政前夕，才把狮身部分从黄沙中挖掘出来。另据传说，图特莫斯是埃及新王朝时期的一位王子，但并非国王的长子，本来无权继承王位。但他依靠挖走狮身上面的黄沙所建立起来的威信，又借梦幻把自己说成是太阳神的儿子，夺取了王位。他登基后，把狮身人面像尊为太阳神，并下令举国上下都信奉太阳神。

19世纪以来，埃及和外国的考古学家们一直在对狮身人面像和金字塔进行综合研究，试图揭示它内部的奥秘。1985年1月，埃及文物局局长艾哈迈德·凯德里会同一批美国科学家，再次对狮身人面像进行了认真考察，又有重大发现。他们在狮身人面像旁边的神殿里挖出了一个四方洞，出人意料地发现，这里面的古迹从上到下共分五层，分属五个历史时期：第一层属于2000多年前的罗马帝国统治时期；第二层属于2300多年前的希腊统治时期；第三层属于3100多年前的埃及新王朝时期；第四层属于3500多年前的埃及中王朝时期；第五层属于4500多年前的埃及古王朝时期。这五层构成了一个十分珍贵的文物博物馆。

1986年下半年，埃及和日本考古学家组成一个联合小组，采用最先进的科学方法，对金字塔和狮身人面像又进行了一次仔细考察。考察后，埃及文物局局长宣布，联合考察小组利用电磁进行扫描，在大金字塔和狮身人面像内外和两侧各发现了四个新的洞穴。第一个洞穴位于大金字塔内，高5.5米，宽3米。第二个洞穴位于王后墓室内，高1.5米，深4米。第三个洞穴位于金字塔外部南侧。第四个洞穴位于金字塔西南侧，深4米，宽5米，通向金字塔内，里面填满沙子。另四个洞穴位于狮身人面像的左右侧和前侧。第一个洞穴位于狮身人面像右侧，深3米，宽2米，填满沙子。第二个洞穴靠近狮身人面像的左手，长7米，宽1米，深1.5米，底层是坚硬的材料。第三个洞穴位于狮身人面像两手前侧，深3米，底层由各种材料组成。第四个洞穴位于狮身人面像的胸部下面，内有许多坚硬材料。考古学家们认为，这些洞穴是古埃及人在修建大金字塔和狮身人面像时挖成的，目的是为了防震。这说明早在40多个世纪前，古埃及人就已经有了防震抗震的知识和经验。

每天，都有一队队游客络绎不绝地前去参观狮身人面像。他们除对这个古迹表示赞美外，脑际中仍有许多疑团未解。他们提出一些发人深省的问题，如，狮身人面像的脑袋为什么是哈佛拉的头而不是他父王胡夫法老的头？哈佛拉金字塔中是否藏有更多的奥秘？狮身人面像下面是否有暗道通向哈佛拉金字塔？狮身人面像旁边神殿里四方洞中所揭示的五个古迹层是怎么形成的？大金字塔和狮身人面像内外和两侧的洞穴还有什么作用？狮身人面像原来有胡子，但它的胡子却被英国人拿走陈列在伦敦博物馆中，何时才能让狮身人面像恢复原来的面貌？人们期待着科学家们和有关方面能及时对这些问题提供具有说服力的答案。

金字塔如此充满魅力，令人为之倾倒。我满腔激情写下了一首赞美金字塔的诗：

巍峨魁岸金字塔，
傲对碧空身披霞。

深邃奥秘亘古惑，
疑是外星遣造化。
狮身人面太阳舟，
拜忏神主循天涯。
法老有灵当归省，
尼罗河畔赏奇葩。

瑰丽的卢克索古迹

埃及人对卢克索的古迹赞叹不已。1982年12月，我国一位国家领导人访问埃及，我作为主要译员随团参加了访问全过程。

我们慕名来到卢克索。卢克索位于开罗以南700公里的尼罗河畔，是一座举世闻名的历史古城，史书上称之为底比斯。在长达1000年的历史时期中，它曾是古埃及中王朝和新王朝的首都。公元前1570~前1090年，是古埃及最强盛时期，当时的底比斯也十分繁荣昌盛，人口达10万人。城市规划得很好，光城门就有100多个。城内建有很多富丽堂皇的厅殿、神庙和陵墓，体现了埃及人民精湛高超的建筑艺术。

在漫长的历史岁月中，卢克索屡易其名。据说，古代埃及称之为“瓦赛特”，因为它象征着王位和权力，被译为“王笏之地”。希腊人来到这里后，把它称为“塔依贝城”，意为“美好的城市”。希腊著名诗人胡朱尔在诗句中极力赞美卢克索的雄伟建筑，把它称为“百门之城”。后人还将其称为“大神城”等等。只是在阿拉伯帝国统治时期才出现卢克索的称呼，也有人称它为卢克索尔。卢克索（尔）是阿拉伯文的音译，它与阿拉伯文中宫殿一词的音译非常接近。据传当阿拉伯人第一次来到这个地方时，不知道它叫什么名字。但他们看到许多气势雄伟的宫殿，便称它为“宫殿之城”。后人便把它称为“卢克索”。

我们从卢克索机场乘车前往古迹区。汽车沿尼罗河向前行驶，河谷地带呈现出迷人的景色。灿烂的阳光照耀着肥沃的土地，勤劳的农民在忙着收割甘蔗，小火车、运输卡车和马车川流不息，构成了一幅丰收图。我们无暇欣赏这里的风光，径直朝卢克索奔去。

卢克索神庙坐落在尼罗河东岸，位于卢克索中心地区。导游告诉我们这座神庙已有3000多年的历史。由于历史的变迁和连绵的战争，神庙的原形早已被湮没，只能看到一些零散的旧址。

据史料记载，第一个修建卢克索神庙的是古埃及第18王朝的第9个国王艾米诺菲斯三世法老（公元前1398~前1361年在位）。这位法老在世时崇拜太阳神阿蒙和太阳神的父亲、妻子及儿子月亮神。为了祭神，他不惜工本，修建了这座神庙。神庙原长190多米，宽约50米，里面包括庭院、大柱厅和诸神殿等部分。神庙最南端是一座圣殿，残存的遗迹中有一幅浮雕，描绘了艾米诺菲斯三世法老由神引导入圣殿的情景。在双层柱廊环绕的艾米诺菲斯柱廊庙里，有的石柱仍保有当年那种鲜明的色彩，足以说明3000多年前埃及的技艺所达到的水平。

第19王朝的创始人拉美西斯一世法老在这座神庙的庭院里增设了一些石柱，在庭院前修建了宏伟的塔形门道，将神庙的长度增加到了260米。公元前1290—前1224年，是第19王朝的第三位国王拉美西斯二世法老在位时期。拉美西斯二世是埃及历史上颇有名望的一位国王，他具有雄才大略，喜欢南征北战，也喜欢大兴土木，一生建树颇多。在正史和野史中，有关他的记载不少。他在世时，征集了大量人力、物力和财力，对卢克索神庙进行了一番修饰。游人一来到这里，立刻就感到他的存在。在神庙塔门两旁，耸立着两尊高14米的雕像，这就是拉美西斯二世的雕像。神庙墙上的浮雕生动地描述了他执政初期与赫梯人作战的情景。左右两边的浮雕构成了一幅完整的组画。左边的画面描绘了当时的军营生活、战前召开军事会议及法老御驾亲征、在战车上指挥战斗的情况。右边的画面栩栩如生地描绘了这位法老如何向敌人发动进攻、弯弓射箭的动作及赫梯人溃逃的情景。在拉美西斯庭院里，石柱中间有一尊石雕像，这正是拉美西斯二世法老。旁边的石壁上刻着一些浮雕和文字，叙述了举行庆典仪式的情形。

卡尔纳克神庙是卢克索古迹的精华部分，因为它既是埃及最大的庙宇遗址，也是卢克索古迹中规模最大、保存得最完整的建筑群。它的建筑之宏伟、工艺之精细、构思之巧妙，均令人叹为观止。

导游向我们详细介绍了卡尔纳克神庙的修建过程及各部分建筑。这座神庙位于卢克索北侧，始建于公元前19世纪的古埃及第12王朝。这项宏伟工程前后持续了数个朝代，主要工程完成于拉美西斯二世和三世。后来又几经修葺和扩建，使神庙的面积达到了现在的31公顷。它有两个塔门，大塔门在外，建于2000多年前希腊人统治时期的托勒密王朝，塔墙厚约15米，高约46米，宽113米。人们更感兴趣的是第二塔门，因为它的历史更悠久。这个塔门建于3000多年前，塔门的石头上刻有艾米诺菲斯三世法老和图坦阿蒙国王的名字。塔门两旁各耸立着一尊拉美西斯二世的雕像。

卡尔纳克神庙的大柱厅素有“艺术世界奇观”之称。大厅建于两代国王统治时期，即公元前1302~前1290年第19王朝西提国王时期和公元前1290~前1224年拉美西斯二世执政时期。大柱厅的建筑面积达5000多平方米，厅顶距地面约25米，由直径为4米、高约21米的134根圆形石柱支撑，中间12根最大，每根高达20多米，柱冠直径为3.6米，顶端可站立100余人。这些石柱由一些1米多高的鼓形石块垒成。边廊石柱高达13米。厅壁上刻有许多奇妙的浮雕和铭文，记载了国家与诸神之间的关系。

走进神庙的小厅，可看到两块方尖碑，这是为纪念哈特谢普苏特女王而建的。哈特谢普苏特女王是埃及历史上一位著名的女王，是图特莫斯二世国王的王后。国王驾崩后，她于公元前1486~前1468年执政。厅内有一块粉红色的花岗石碑，高30.5米，是古人从阿斯旺水路运来的。导游说，原来小厅中还有两尊“地狱判官”雕像，现已不复存在。他风趣地说，这两位地狱判官可能被他们的上司调到别处任职去了。

神庙中的圣殿用花岗岩建成，分里外两间。里面一间专为存放圣船用的，墙壁上的浮雕描绘了当年圣船出发的盛况。神庙中的节日厅建于第18王朝图特莫斯法老执政期间，距今已有3390年历史。厅顶由52根石柱支撑，厅内墙壁上也有不少引人入胜的浮雕。

神庙的大庭院建于公元前945年，是埃及最大的神庙院，占地面积达7989.7平方米。庭院的左边有西提二世庙，右边为拉美西斯三世修建的阿蒙神庙。中间有一石柱厅，高达21米的大石柱矗天而立。此外，还有16根“地狱判官柱”。

神庙除有雄伟的建筑外，还有许多妙趣横生的浮雕和彩绘。浮雕和彩绘的题材很广泛，从不同角度反映了埃及古代社会的生活，其中有国王、贵族祭祀活动的盛大场面，也有农夫、船匠生产劳动的情景。有些浮雕和彩绘逼真地刻画出顽皮的儿童和爬动的虫兽形象，充满了浓郁的生活气息。

卡尔纳克神庙南边有一个人造湖，被称为“圣湖”，四周用石块砌成。过去在举行宗教仪式的时候，人们把神像放在装饰一新的彩船里，在湖里游览一番，显示一下威风。“圣湖”虽给神庙增添了神秘色彩，但也带来了副作用。由于湖水是死水一潭，久而久之，湖水中的含盐量大大增加，给神庙的建筑造成威胁。埃及文物局的专家们已强烈地意识到这个问题，他们决定采取措施，引尼罗河水定期将湖水更新。

卢克索西部是一个神奇莫测的世界，这里布满埃及古代国王和王后的墓穴。

古代的中国人讲究阴阳之说，而古代的埃及人则讲究日出和日落之说。几千年前的埃及人视日出为生命之象征，日落为死亡之象征。因此，他们把神庙建在象征日出的尼罗河东岸，后人称为“活人城”；而把坟墓建在象征日落的尼罗河西岸，后人称为“死人城”。按照当时的习惯，国王和后妃必须分葬两处。国王的陵墓集聚地被称为“国王谷”，而后妃的陵墓集聚地被称为“王后谷”。这就是“国王谷”和“王后谷”的来历。

“国王谷”墓穴依山开凿，高低错落，墓穴相连。这里集中了第18~20王朝国王的陵墓。建墓时间在公元前1560~前1100年。陵墓的形式基本雷同，由一道坡度很大的阶梯通

法老时期的艺术珍品

道直通墓穴走廊，通过前室部分，进入后室。后室是停放花岗岩石棺的地方。这与中国明朝皇帝所修建的十三陵地下宫殿颇为相似。二者不同的是，我国地下宫殿中棺材里放的是皇帝的尸体，早已腐烂；而“国王谷”陵墓石棺中停放的却是国王的木乃伊，保存至今。

埃及的木乃伊是稀世珍宝，它不仅具有珍贵的历史价值，而且具有珍贵的科学价值。古埃及人认为，死亡并不意味着生命的终结，人死后，尸体如能完好地保存下来，其灵魂便得以寄托，继而复活成神。因此，他们发明了木乃伊殓尸防腐法。帝王死后，人们先把他的尸体进行防腐处理，然后填进特别的香料，再放入封闭的石棺中。又由于卢克索气候干燥，尸体不易受潮腐烂，便成为木乃伊。在开罗参观过木乃伊的人都知道，埃及博物馆中有一展室，专门用来陈列木乃伊。很多木乃伊就是从卢克索“国王谷”的墓穴中发掘出来的。

埃及和外国的文物工作者在这一带共发现46座陵墓，其中有17座经过修葺后供游人参观。导游边介绍边把我们引进艾米诺菲斯二世法老的陵墓。这位国王于公元前1439~前1406年间在位，死后埋在这里。进入陵墓后，首先看到一条主要走廊，走廊尽头是个陷坑。在右边转弯处有一条阶梯走廊，直通主要墓室。国王的石棺原来就放在墓室的一端。墓室的石柱上和四周石壁上都刻有色彩鲜艳的图画。墓室的顶部由天花板构成，意味着阴间天堂。这象征着国王离开金銮殿之后，会立即进入天堂。

西提一世墓比艾米诺菲斯二世墓要考究一些。西提一世是第19王朝的第二位法老，死后安息的陵墓与他生前居住的宫殿同样豪华。这座墓穴纵深100多米，建筑工艺精巧，里面的浮雕和壁画都保存得很好。尽管岁月已过去3000多年，但色彩依然非常鲜艳。墓穴的最后一间供存放国王的雪花石膏棺，棺内是木乃伊。现在石棺和木乃伊置放两处，雪花石膏棺已被运往国外，存放于伦敦博物馆内。昔日人们发现这个石膏棺时，里面空空如也，木乃伊不知去向。后来，文物工作者在巴哈里修道院附近神庙的一个秘密地方发现了西提一世的木乃伊，他们便把这位法老请进了开罗国家博物馆。

实际上，国王的木乃伊搬家现象不乏其例，如拉美西斯二世的木乃伊就搬到了西提一世的墓中，后来二者的木乃伊连同拉美西斯一世木乃伊一齐搬到了英哈妣王后墓中。又如拉美西斯三世、艾米诺菲斯三世等国王的木乃伊也都曾移到其他国王和王后的墓中。拉美西斯三世法老的木乃伊就曾三移墓穴，其原因在于历史上经常发生盗墓事件，盗墓者抢光了墓中的珍宝财物，把木乃伊搬来搬去。法老们本想在这些陵墓中安度时光，谁知死后的命运竟是如此坎坷，这是他们所没有预料到的。

图坦阿蒙的墓却是个例外。图坦阿蒙于公元前1350年左右执政，他的陵墓尽管最小，但始终未遭到盗墓者的洗劫。直到1922年，英国人霍华德·卡特以惊人的毅力经过探索，才发现这座陵墓。那时，图坦阿蒙法老已经在里面沉睡了3300多年。在挖掘过程中，文物工作者们在墓室入口处的正前方发现了国王的两尊石像。墓室内的石棺分三层，外棺最大，几乎塞满了整个墓室。墓穴中有许多珠宝、古董和历史文物。图坦阿蒙国王的躯体由金子和珠宝包裹着，安放在石棺中。自1931年起，从他的陵墓中发掘出来的无价之宝全都在开罗国家博物馆展出，图坦阿蒙也就由此而名扬天下。

我从古埃及国王墓穴中走出来，停立了一会儿。头顶上金光灿烂的骄阳令人目眩，面前瑰奇绚丽的卢克索古迹令人眼花缭乱。尼罗河水在静静地流动着。我不禁再次想起古希腊史学家希罗多德说过的那句名言：“埃及是尼罗河的恩赐。”这句话虽有道理，但不全面。尼罗河的确为埃及提供了很多得天独厚的生存和发展条件，但尼罗河畔这些熠熠发光的古迹并不是从尼罗河中自行产生的，而是埃及人民用大脑和双手创造出来的。

参观完国王谷和王后谷，导游把我们引到卢克索露天剧场。他介绍说，在该剧场演出的最著名剧目是《阿依达》。《阿依达》为世界知名度很高的歌剧，剧情描写了古埃及法老的手下大将拉达米斯与敌国埃塞俄比亚公主真诚相爱双双殉难的爱情悲剧，该剧是威尔第的名作，经常在卢克索露天剧场演出，世界各地大批显达要人乘专机前来观看。每次演出票价昂贵，盛况非同一般。

我两次到卢克索参观，每次参观都感慨万分。1985年我第二次参观卢克索后欣然命笔，写下一首诗，题为“绚丽明珠卢克索”，诗文如下：

宫殿之城百锁钥，
明珠奉献恩泽河。
艺术奇观惟神庙，
彩绘浮雕呈原色。
稀世珍宝木乃伊，
阴间天堂寓墓穴。
千古绝唱阿依达，
万种风情众讴歌。

千塔之城开罗

在数千年的历史长河中，伟大的埃及人民一直在做奉献，为人类留下光辉灿烂的文明。埃及文明体现在许多方面，首都开罗也是其中的代表作之。我在开罗学习、工作多年，亲身感受到她的魅力。

开罗是世界上最古老的城市之一，坐落在尼罗河三角洲顶点以南不远的地方。公元640年，阿拉伯人入侵，带来了伊斯兰教，推行阿拉伯化。公元969年，阿拉伯帝国法蒂玛王朝征服埃及，在此地建都，命名开罗。在阿拉伯文中，开罗意为“胜利”，所以开罗又被称为“胜利之城”。与此同时，世人还将其称为“千塔之城”，意在用千塔形容开罗的清真寺之多。在这座人口逾千万的阿拉伯和非洲第一大城市中，居民绝大多数是穆斯林，他们的生活习俗和重大节日都带有浓厚的伊斯兰宗教色彩。

在开罗，千塔之中的清真寺发挥了其应有的作用。由于开罗的清真寺数量多，分布面广而又均匀，这些清真寺为广大穆斯林进行礼拜、祈祷等宗教活动提供了方便。

在阿拉伯语中，清真寺音译为“麦斯吉德”，意为进行礼拜的场所，也称“礼拜寺”。实际上，清真寺是穆斯林举行宗教仪式、传授宗教知识和进行宗教活动的场所。中国穆斯林把“麦斯吉德”称为“清真寺”，这充分表达了他们对伊斯兰教的崇尚。相传早在唐代贞观龙飞二年，唐皇与西域穆斯林会晤时，穆斯林当时曾说过这样一段话：“真主真命立清真，真圣真传真道忠，真恩真圣真造化，真山真水真乾坤，真君真臣安天下，真经真圣训黎民，真圣真言传真教，真心真学入真门。”明末清初，中国伊斯兰教著作中常以“清静无染”、“真乃独一”、“至清至真”、“真主原有独尊，谓之清真”等语称颂真主，把“清洁真实”称颂伊斯兰教。那时，中国的穆斯林把伊斯兰教称为“清真教”，把他们进行礼拜的地方称为清真寺。

开罗的清真寺是伊斯兰教文化的缩影。它集世界伊斯兰国家和民族及埃及自己的建筑艺术精华于一体，体现了自成一体的建筑艺术和巧夺天工的建筑水平，也体现了独树一帜的美学观念。

我在开罗参观过一些清真寺，看到伊斯兰教创立初期修建的清真寺从外表到内装修都比较简朴。随着经济、文化的发展和社会的变迁，许多清真寺都向富丽堂皇的方向发展。尽管这些清真寺有大小简繁之分，但建筑设计和内部结构基本雷同。每个清真寺内都有一个大院子，院子里有一口叫做“洗衣钵”的泉水井，或装有自来水管，直通沐浴室，供穆斯林做礼拜前沐浴净身之用。礼拜堂一般分前、中、后堂，中间是一个宽敞的礼拜大殿。这是清真寺的主体，称为正殿。大殿由圆柱支撑，天花板上挂着华丽的吊灯。按伊斯兰教义规定，所有清真寺正殿和殿内壁龛都背向麦加，使穆斯林都朝向麦加礼拜。清真寺上端都有传统的圆穹顶，通常都配有球状或新月状的装饰物。清真寺底部多用大理石砌成，呈正方形。地面铺有光洁的瓷砖、石板或铺上地毯。寺内的墙上大都镶嵌彩色贴片，绘有形形色色的图案花纹及各种各样铭文的名字，并配有精雕细刻的浮雕。不论是格子细工，还是五彩镶嵌，无不具有阿拉伯伊斯兰传统的民族特色及高超的艺术水平。每座清真寺都建有宣礼塔，它是神职人员登高宣诵经文的地方，现在已经普遍安装上高音喇叭进行宣礼，诵经的声音传得更远。宣礼塔越向上越细，顶端为圆锥形，最上面是尖塔。这种建筑艺术优美而又纤细，看上去既幽雅和谐，又庄严肃穆。从总体上说，清真寺几个部分布局合理，组成一个和谐统一的群体建筑。这种建筑结构成为世界建筑美学史上的一大学派。

阿慕尔清真寺是开罗乃至非洲最古老的清真寺。这座清真寺由阿拉伯远征军大将阿慕尔·本·阿绥于公元642年修建，故以他的名字命名。这座清真寺原建于尼罗河畔，后因河道逐渐西移，迁至距尼罗河岸约500米处。该清真寺的初期建筑比较简陋，以椰枣树干为柱，稻草铺地，石灰制顶，没有壁龛和宣礼塔，正中是一个长方形的礼拜殿堂，四周有柱廊。1000多年来，该清真寺经历过多次扩建和修葺。20世纪80年代，埃及政府决定重新修缮阿慕尔清真寺，修葺后的清真寺是早期面积的6倍。

伊本·突伦清真寺宣礼塔是埃及最古老的宣礼塔。公元869年，埃及突伦王朝的开国之君艾哈迈德·伊本·突伦下令建造一座宏大的清真寺。整个工程历时7年，于876年竣工，以君王的名字命名。清真寺占地面积2.6143万平方米，呈碉堡形，寺顶为镶嵌精致的木制天花板。正厅中央是由10根大理石内柱和16根外柱组成的金色拱顶，正厅与侧厅都由砖柱和石膏浮雕的灰石拱顶柱廊组成。内外厅共有42扇门、129扇窗和130盏枝形灯架。木制护墙板上镶有库法体古兰经经文。

在伊斯兰历史上，清真寺是向穆斯林传播宗教思想和科学文化知识的重要场所。在一个很长的历史过程中，穆斯林在清真寺里学习《古兰经》、《圣训》等伊斯兰经典著作及伊斯兰法学等。有些清真寺逐渐发展成高等学府。开罗爱资哈尔大学就是由爱资哈尔清真寺发展起来的。

在伊斯兰世界中，爱资哈尔一词意为“开花”、“闪耀”。伊斯兰学者解释说，取此名意味着将伊斯兰教精神不断发扬光大。据史料记载，公元973年，法蒂玛王朝大将法蒂米·皎哈尔·萨格里负责修建了这座清真寺。公元982年，爱资哈尔清真寺开办了学堂。后来，它又由清真寺变成了爱资哈尔大学。到了1250年，已有近千名中东、北非和黑非洲的学生在这里学习，成为伊斯兰世界的最高学府。在相当长的一个历史时期里，爱资哈尔大学地位显赫。阿拉伯诗人曾经这样称颂它：“爱资哈尔的学府，比国王更加威严，更受尊崇，更加仪姿非凡。”

过去，爱资哈尔大学只教授伊斯兰宗教、法律、哲学和阿拉伯语。到这所高等学府上学的全都是男生，且多为农民子弟。上课时，教师坐在一把椅子上讲课，数百名学生席地而坐，围着教师听课，做笔记。到1961年，爱资哈尔大学增设了商业、医学、理工、农业等学科。此外，它还增设了女子学院，并在全国各省设立爱资哈尔大学分校。这样，在爱资哈尔大学学习的学生总共达6万多人，其中总校占50%以上，外国留学生占全校学生总数的10%左右。

爱资哈尔大学还是进行伊斯兰史学研究的重要场所。这所大学里有很大的图书馆和文物资料室，藏有大量伊斯兰文物、史书和资料，许多伊斯兰宗教学者都在这里从事修史工作，并在这里进行伊斯兰教理论研究。许多人认为，爱资哈尔大学的研究成果具有一定的权威性，在伊斯兰世界普遍受到重视。很多国家都聘请爱资哈尔大学的学者、教师前去传授伊斯兰教知识，并结合各国情况进行伊斯兰史学研究工作。

哈基姆清真寺在开罗也享有盛誉，始建于公元990年法蒂玛王朝第二任哈里发阿齐兹时期。1302年，开罗发生地震，这座清真寺遭到破坏。后来，马木鲁克王子比卜里斯对清真寺进行了重建，并赋予它从事教育的重任。

爱资哈尔清真寺斜对面便是侯赛因广场，广场旁边有一座清真寺叫侯赛因清真寺。该寺叫侯赛因清真寺的另一个原因是，此处最早是什叶派第三任伊玛目侯赛因的墓地。据记载，公元1153年8月底，侯赛因伊玛目的头颅骨迁往开罗，次年葬于宰姆拉德宫，后修建了墓地。萨拉丁时代，在墓地旁边建造教法学堂。阿尤布王朝时期，教法学堂发展成清真寺，并继续兼作教法堂。15世纪时，它曾被作为阿拉维派教法学家的住所和讲堂。这座清真寺建有两个宣礼塔，塔上刻有《古兰经》经文，并刻有“我家族中最可爱者是哈桑与侯赛因”字样。四周墙壁有30扇铜制镀金窗户。东南角壁龛内陈列的物品据说是先知穆罕默德的遗物，两册库法体《古兰经》据传是阿里和奥斯曼的手抄本。1952年，侯赛因清真寺面积由1500平方米扩至3340平方米，增设了经籍室和图书馆。1959年至1963年，再度修缮。这座清真寺是什叶派穆斯林履行宗教仪式和进行纪念活动的地方。部分苏非派信徒以他们特有的方式在这里开展宗教活动。

开罗还有其他一些知名的清真寺。圣泽娜卜清真寺始建于1547年奥斯曼帝国统治时期，后被废弃。1940年重建，1969年扩建，面积扩大了一倍。穆罕默德·阿里清真寺建于1830年，这是一座奥斯曼式清真寺。大殿富丽堂皇，整座大寺建筑材料大多是珍贵的大理石，又被称为大理石清真寺。它是开罗

开罗一瞥

最壮观而又最完整的一座老清真寺，被誉为伊斯兰建筑艺术中的奇葩之一。

20世纪，开罗又修建了许多大型新式清真寺，其中最著名的有艾因·舍姆斯大学附近的努尔清真寺、费萨尔国王大街口的哈姆迪清真寺以及拉美西斯广场旁的法塔赫清真寺等。法塔赫清真寺于1990年启用，寺中的宣礼塔高130米，塔重5500吨，塔尖上的铜制新月标志高达7米。塔上安装有现代化的扩音器、警示设备和避雷设备。塔内还安装了电梯，这是世界上第一座用塔内电梯上下的宣礼塔。

在伊斯兰古迹中，还有一些别具特色的城堡。埃及知名的城堡有开罗的萨拉丁城堡，亚历山大灯塔遗址上的卡特巴城堡、南西奈省首府图尔市北郊3公里处的图尔城堡、北西奈首府阿里什城堡以及西奈半岛的努韦巴城堡等。

在埃及的古城堡中，最著名的当数开罗的萨拉丁城堡。萨拉丁是库尔德人，生于1138年，在叙利亚首都大马士革度过青少年时代，后来成为军队的一名统帅。公元1171年，他废黜法蒂玛王朝的哈里发，建立阿尤布王朝。他在开罗执政期间，为巩固政权，防范欧洲十字军入侵，厉兵秣马，修筑城堡，被称为萨拉丁城堡。这座城堡坐落在开罗东部的穆卡塔姆山上，高出地平面36米，分内外城墙，宽2~2.5米。整个城堡于1183年竣工后，萨拉丁便离开开罗，率兵抗击欧洲十字军东征。1187年，他率军在提庇利亚湖附近消灭十字军主力，继而收复耶路撒冷和许多沿海城市。1193年，他病死于大马士革，并就地埋葬。战胜十字军，收复耶路撒冷，使萨拉丁成为阿拉伯和伊斯兰传奇式民族英雄而名垂千古。他下令修建的城堡与后来在其不远处修建的穆罕默德·阿里清真寺浑然一体，蔚为壮观。游客们到此登高凭栏远眺，开罗全景和远处茫茫沙漠中的金字塔尽收眼底，别有一番情趣。

埃及被称为博物馆王国，博物馆旅游是埃及旅游业的一大特色。在埃及大中城市中，享有盛名的博物馆有：埃及国家博物馆、希腊罗马博物馆、努比亚博物馆、太阳船博物馆、开罗科学博物馆、阿卜丁宫博物馆、卢克索博物馆、阿斯旺博物馆、埃及航海博物馆、埃及艺术博物馆、纸莎草博物馆以及科普特博物馆等。

埃及国家博物馆是世界上最著名、规模最大的古埃及文物博物馆。游客们如果想了解古埃及的历史，参观埃及国家博物馆就是一条捷径。这座博物馆始建于1858年，最早的地址在开罗布拉克区，1890年迁至吉萨的萨拉亚，1902年又迁至开罗市中心的解放广场，占地面积约7000平方米。博物馆是一座米黄色圆穹顶的双层石料建筑，共两层。它珍藏着自古埃及法老时期至公元6世纪的历史文物约30万件，是古埃及文明的荟萃之地。游客一走进博物馆，就可看到馆前的狮身人面像、法老时期常用的纸莎草和水池内种植的莲花，所以埃及人称它为“法老博物馆”。展品按年代顺序分别陈列在上下两层的108个展厅内。在众多的珍品中，游客们最喜欢看的是木乃伊展室和图坦阿蒙法老展室。当年郭沫若参观埃及国家博物馆时曾在这里流连忘返，久久驻足观看。

希腊罗马博物馆始建于1895年，1954年形成了现在的规模。这座博物馆共23个展厅，展品共4000多件。展品时间跨度从公元前332年至公元641年，展现了古希腊和古罗马统治时期埃及的历史、社会生活和文化艺术。第一部分介绍亚历山大大帝建古亚历山大城的历史，展出了法老时期的木乃伊、亚历山大大帝的人头雕像和其他雕像。第二部分展出从托勒密王朝起历代埃及国王和罗马皇帝的雕像，其中最引人注目的是克娄巴特拉女王美丽的头像和石刻卧像，还有恺撒大帝的雕像。第三部分展出玻璃制品和陶瓷制品。第四部分展出自亚历山大大帝开始历代的钱币，约7000枚。在博物馆中央的花园中，还有罗马大将安东尼等人的雕像。

阿卜丁宫博物馆位于开罗市中心，始建于1863年。馆内陈列着不同历史时期的艺术珍品和礼品，其中有统治埃及长达一个半世纪的穆罕默德·阿里家族的珍藏品。博物馆专辟一室，展览各国和各方赠送给埃及领导人的武器。馆内还珍藏着各国和各方赠给埃及领导人的大量礼品。

科普特博物馆于1908年由科普特人摩尔库斯创办，坐落在开罗老城区巴比雍遗址上。在10个展厅中，陈列着科普特人经历的各个历史时期的珍品，包括各种手稿、石刻、木器、壁画、金属制品和针织品。展品既反映了科普特人的宗教信仰、社会生活、经济及文化活动等内容，又展示了古希腊罗马文明与古埃及文明相融合所形成的科普特文明的特色。

阿斯旺博物馆坐落在尼罗河中的菲拉岛上，馆内有6个展室，藏有从新石器时代、法老时代到科普特时代的珍贵文物。博物馆的底层是木乃伊专室，展出16具木乃伊和石棺。馆内还展出制作木乃伊死者脸形的模子，看上去与木乃伊本人相貌相同。上层展厅展出公元前4500年前新石器时代的文物，其中有各种骨器、骨串、蚌器、犀牛角、大肚鱼、鸟类形状的石片工具等。另有中王国时代带把柄的铜镜17面。馆中的展品十分珍贵，可谓价值连城。

努比亚博物馆于1997年在阿斯旺落成，占地5万平方米，建筑面积7000平方米，其他为绿化区。馆内文物反映了努比亚文明的不同发展阶段。努比亚人为北非尼罗河中游的民族，1996年约260万人，其中87%左右在苏丹境内，其余在埃及南部。他们信奉伊斯兰教，属逊尼派，主要从事灌溉农业，饲养骆驼和牛羊，少数人进城经商或从事手工艺。该博物馆施工历时11年，展出的文物达3000多件。博物馆将珍品文物分别在室外和室内展出。室外展品约90件。室内展品包括史前期展品50件，法老时期展品503件，科普特时期展品52件，伊斯兰时期展品140件，努比亚传统文物140件，阿斯旺本地收藏品360件。馆内极为罕见的文物珍品有拉美西斯二世雕像、阿蒙神妻子艾姆妮莉斯雕像、原籍努比亚的舍布塔卡王头像、努比亚王塔赫里高的黑色花岗岩头像，4具木乃伊，主人为贵族和僧侣。

开罗的罕·哈利利市场区是一个充满天方夜谭式浓厚气氛的老市场。这里的店铺鳞次栉比，店里的货物琳琅满目，其中有鲜艳华丽的呢绒绸缎，有各式各样的阿拉伯披风、头巾，还有各种型号的阿拉伯大袍以及妇女穿的连衣裙等。

在古玩店里，我看到有用纸莎草画成的名画，画面多为埃及古代著名的法老、王后、王妃，开罗的金字塔、狮身人面像，还有《古兰经》经文等图案，颇具纪念意义。罕·哈利利市场上的铜器远近闻名，品种繁多，颜色各异。商店里、古玩店里及临街的小摊铺上摆着各式各样的铜盘、铜壶、铜镜、铜水烟袋、铜制玩具等。铜盘很多，它分手工制品和机制品两种，同时还有带彩和不带彩之分。一般说来，带彩的手工制铜盘比不带彩的机制铜盘价格要高出很多。铜盘既是室内很好的装饰品和陈列品，又是亲朋好友间珍贵的馈赠品。铜盘上有各种图案可供选择。此外，罕·哈利利市场区设有一些私人手工作坊，工匠们边从事铜盘的制作工作，边出售已经做好的工艺

埃及手工铜盘制作

品。有时，馈赠人专门请这里的能工巧匠在铜盘上雕刻各种特定的花纹图案，或刻上《古兰经》经文和著名格言，赠送给亲友，留做纪念。

在首饰店和女性化妆品店中，有各式各样的金银首饰，如金银项链、耳环、手镯、戒指等。这些金银首饰一部分在当地加工制作，另一部分从国外进口，进口首饰主要来自意大利。此外，还有各种琥珀、璎珞、珍珠宝石、象牙制品等。在货架上和摊铺上，摆着用檀香木和象牙制成的盒子、茶几等器具，有些器具上面镶嵌着美丽的珍珠贝。女性化妆品商店中，陈设着各种各样的化妆品和化妆用具。一走进这些商店，一股浓郁的香水气味扑鼻而来。阿拉伯妇女非常喜欢使用香水，埃及又是阿拉伯香水的主要产地。在罕·哈利利市场区除阿拉伯香水外，还有从外国进口的香水，尤其是法国产的香水备受埃及妇女青睐。无疑，法国香水售价也相当高。

罕·哈利利市场区的商店里还有穆斯林喜欢的念珠，人们又把这种念珠称为赞珠。在阿拉伯语中，念珠音译为“米斯巴哈”或“苏卜哈”，它是穆斯林念诵赞词时用以计数的珠子。穆斯林经常手拨念珠，口中念念有词地念诵“赞美真主”或“真主至高无上”等赞词。念珠是用宝石、玛瑙、琥珀、珊瑚枝、象牙、玻璃、檀香木、动物骨、犀牛角等制成的珠子，贯穿成串，非常昂贵。念珠一般分为33颗与99颗两种，每隔11颗设一标记。随着石油化学工业的发展，人们采用石油副产品精心制作成念珠。这种念珠洁白透亮，璀璨夺目。晚上，把这种念珠放在灯光下，先让它吸光，然后再把灯关闭，念珠便显得格外明亮。人们把这种念珠称为夜明珠。

夜晚，开罗一些五星旅馆里有时组织文艺演出，举办晚会和舞会。这些旅馆还经常请埃及著名的东方舞演员演出，开斋节时更是必不可少。埃及东方舞是一种女子单人舞，俗称肚皮舞。一场完整的东方舞由序舞、正舞和尾舞三部分组成。序舞较短，表示舞女登台亮相。舞女出场后，着意表演几个急速、轻快的旋转动作，目的是把观众的注意力吸引过来。接着，舞女的表演进入正舞，舞女的舞步时快时慢，舞姿优美多变。按照东方舞的要求，舞女的主要动作应在腰部以下，在有限的舞区内，做出难度较大的舞蹈动作。在跳东方舞时，舞女单腿撑起，另一条腿用以保持全身平衡，双臂向上伸举摆动，前臂略微弯曲，两手手指上戴金属饰物，随着双臂的摆动撞击出铿锵之声。在尾舞部分，舞女以稳健而缓慢的动作结束演出。舞女演出时，都有手鼓和其他乐器伴奏，有时还有歌星伴唱。整个舞蹈节奏明快而又强烈，给人以美的享受。跳东方舞的舞女相当辛苦，每演完一场都是汗流浃背。

咖啡馆和茶馆是人们进行娱乐活动的场所。夜幕降临后，咖啡馆和茶馆生意兴隆。老板请来说书人和民间艺人献艺，招徕顾客。说书人坐在一把椅子上，讲些有趣的故事、轶事、笑话和典故，有时吟诵诗歌，背诵经文。民间艺人演出群众喜闻乐见的滑稽小品，逗得大家笑声不止。魔术师吹响笛子，表演身插刀剑、怀中生蛋、变钱变物、吞火吞纸等精彩节目，有时还耍猴驯狗，博得一阵阵掌声和叫好声。人们争先恐后地涌进咖啡馆和茶馆，抢占位子，边欣赏节目边呷着咖啡和红茶，有时租一袋水烟抽抽，或吃些干果之类的零食，十分悠然自得。

开罗人的夜生活是丰富多彩的。人们或看电视，或去剧场，或逛商店，或去茶馆。日落之后，大饭店餐厅和街上的小吃店都非常忙碌。这里既有西餐，更多的是埃及人爱吃的阿拉伯饭菜，尤以烤全羊最受欢迎，这是开罗最名贵的菜肴。甜食是埃及人爱吃的食品，品种繁多，带馅的甜食是他们的特产。各种水果任人挑选，开罗最有名的水果是西瓜和脐橙。开罗的夜晚是迷人的，晚九时以后，人们纷纷走出家门，驶车兜风。此时，开罗大街上车水马龙，喇叭声不绝于耳。这是一座名副其实的不夜城。

第四章　科教事业

重视教育

埃及政府重视科教事业，既是继承以往的光荣传统，也是为开拓未来。据史料记载，古代埃及人就非常重视教育和科学。数千年前，古埃及人发明了书写，对人类的早期教育及其传播发挥了重要作用。在近代史上，穆罕默德·阿里为发展埃及的教育事业作出了重大贡献。他于1805年开始执政，于1816年创建了高等学校，1825年创立了中等院校，1832年创立小学，并为埃及引进了法国的教育模式。被誉为“教育之父”的阿里·穆巴拉克于1867年提出了埃及第一个教育思想方案，于1870年创建了国内图书馆，1880年建立了师范学院。他被认为是振兴埃及教育事业的先驱和倡导者，也是这项事业的缔造者。1923年，出台了有关教育法令。1925年，成立了埃及大学这一国立大学。此后，其他大学相继成立。1957年后，埃及的社会经济发展战略开始与教育相结合。进入20世纪80年代，教育的民族性目标提到全民意识的高度，主要集中于三点：教育面向大众；因材施教；迅速融入科技时代，应对全球化挑战。

1992年，埃及政府提出了埃及教育全面改革的总体规划。这项规划涉及埃及教育的方方面面，有关部门据此制定了具体的实施政策。这些政策的主要内容包括：（1）积极推行教育的民主化，以科学、民主的方式鼓励所有的个人、机构和组织参与教育的建设和发展，使埃及适应21世纪的挑战，满足信息技术革命的需求。（2）绝不额外增加埃及家庭的经济负担和心理负担。（3）继续坚持教育机会均等的原则。（4）无论从政治、经济的角度讲，还是从军事的角度讲，教育都是涉及国家安全的头等大事。（5）教育的投资不应该只是一种慈善行为或人道主义行为，还应该是民族的头等大事；它一方面依靠国家的财政拨款，另一方面也需要个人和团体的积极参与。

埃及政府逐步完善了埃及的教育机构。教育机构分三个层次，即中央级管理机构、地方级管理机构和辅助性管理机构。

1989年，埃及政府发布了关于教育部机构的第203号决议，最终明确了中央级管理机构的任务及管理办法。该决议规定，教育部长领导教育的管理工作，负责协调教育政策与国家总政策之间的关系，通过附属于教育部的监督机构、管理机构和技术部门直接实施民族教育政策。该决议规定，教育部长之下另有几名副部长或次长，设部长办公厅事务司、技术事务司、教育规划和信息司、行政发展司、总秘书处、图书司。教育部下设5个分部，每个分部均有一名副部长或次长挂帅，并设有相关机构。

地方级教育管理机构分三级。第一级隶属于开罗、亚历山大各城区，吉萨省及其该省城市；第二级隶属于各省会城市；第三级隶属于各省会城市的有关地方教育委员会及其分支机构。

辅助性教育管理机构有12个，负责协助中央级的教育管理工作。这些机构分别是：1974年成立的国家教学科研和技术委员会、1981年成立的大学前教育最高委员会、1982年成立的教育部分部和中心管理处领导委员会、1982年成立的教育管理分部领导委员会、1987年成立的考试和教育评估最高委员会、1987年成立的大学前技术教育质量委员会、1987年成立的大学前教育计算机引进和运用民族计划执行委员会、1988年成立的教学建筑总局、1989年成立的国家教育研究和发展中心、1989年成立的教学大纲和教材发展中心、1990年成立的考评和教育评估发展中心以及1990年成立的扫盲与成人教育总局。这些机构主要承担教学研究、规划和评估等工作。

埃及政府于1988年颁布了关于埃及学制的第233号法令，确定埃及大学前教育的学制为11年，从6岁到17岁，分基础教育和高中教育两个阶段。埃及法律规定，凡年满6周岁的埃及儿童都有权接受八年的义务教育，即小学五年，初中三年。高中教育分为普通高中和技术高中两种，学制均为三年。高级技术高中学校为五年，旨在培养工业、农业、商业、行政管理和服务业的技术人员。

埃及政府重视学龄前教育，学校教育和家庭教育之间的关系被视为新教育政策中备受重视的领域之一。埃及政府重视早期教育，其宗旨是为了减少家庭环境差异对于教育的影响，进而增强、提高全体公民教育的能力。埃及政府宣布，1989年至1999年是埃及儿童保护和保健的十年，呼吁所有官方机构、民间机构和慈善机构中的个人在这十年中集中精力关心儿童的保护和保健，并授予儿童工程在未来计划中的优先发展权，从而为埃及儿童创造更加美好的生活。

有关学龄前儿童的教育，埃及分为两部分。一部分为附属于小学的幼儿园，由教育部负责。另一部分为托儿所，只起儿童保健作用。托儿所由获得社会事务部批准的非政府机构和个人运作，隶属于社会事务部。1991年12月8日，埃及颁布有关决议，重组幼儿园发展最高委员会，旨在加强对儿童培养政策的研究，为加强幼儿园管理制定相关政策，尽力改善幼儿园状况，提供服务，制定并实施培训计划，举办有关会议和研讨会，调动有关各方积极性，实现幼儿园发展目标。埃及教育发展战略还要求将幼儿园的两个年级纳入基础教育阶段，使儿童的实际入学年龄提前至四岁。在过去的20多年中，政府一直加大对幼儿园发展的投资，使幼儿园的数量、班级的数量和入学的人数始终呈上升趋势。政府在幼儿园师资的培训、校舍的建设和教学设备的添置方面采取了一系列必要的措施，为小学教育和初中教育奠定了良好基础。

自1981年以来，埃及高等教育以前的教育即公共教育有了很大发展。拿1981~1982年期间与2003~2004年期间相比，

埃及学生在上课

各类数据的变化是：教育投资由3.88亿埃镑增加至170亿埃镑，增长了44倍；初等教育阶段的招生数由92.21万人增至162.098万人，为原来的1.76倍；学校的容纳量由85.2%上升到101.9%；接受普通高中和技校高中的人数由40.38万人增加到115.44万人，增加了74.95万人，增加了1.86倍。在此期间，小学阶段的辍学人数比例降至0.87%，初中阶段降至3%，班级密度降至每班40.8人。

从1991年开始，埃及实施民族教育发展计划。2003~2004年，这一计划取得了可喜的成就。配有多媒体、高级语音实验室和知识网络的学校已达2.66万所；2.1万所学校完成了因特网和教育网相互连接；在38所学校实施旨在发展技术教育的计划，有1万名学生参加，有1100家工厂和350家承包公司参加此工程；特殊培养学校数量增至679所。自2000~2001年开始，实施“生产学校工程”。在此期间，各类教育均有较大发展，基础教育学校达4万多所，学生1500余万人。

埃及是非洲最早发展高等教育的国家，是非洲高等教育最发达的国家，也是最早接受联合国教科文组织的帮助开展教育研究的阿拉伯国家。1995年，全世界在校大学生逾百万的国家共22个，当年埃及在校大学生共计103.2万人，跻身于世界22个高教大国行列。每10万居民中，在校大学生世界平均数为1434人，埃及则达1900人，高于世界平均数。高校毛入学率世界平均为16.2%，埃及则为20.3%，也高于世界平均数。

埃及政府对高等教育给予了特别关注。从20世纪80年代初期开始，埃及就进入了高教大众化阶段。为此，政府采取了一些促进高教工作发展的措施。在管理体制上，实行中央和地方分权的办法，教育政策和教育计划由中央政府集中制定，由各省政府教育机构具体执行。公立大学在教学、行政和财务方面享有充分的自主权。积极创办非传统大学，使高教形式多样化。建立和完善学位制度，大学可授予学士、硕士和博士学位，高等学院可授予学士学位。1992年7月，埃及政府提出了教育政策与改革框架，进一步促进高教事业稳步向前发展。

2004年，埃及政府宣布启动第一个埃及教育新改革计划。该计划分大学教育和大学前教育，系统地规划了埃及教育的未来。政府提出了埃及大学教育的发展方向，主要内容是：（一）发展教育大纲和教学方式，应着眼于当前和未来，增强学生们自身的学习能力。将现代科技融入到教学和实践中去，改革考试制度，用新的观点开发学生进行创造与研究的积极性，使他们更好地为祖国贡献力量。（二）发挥教育机构人员的技能，通过培训，增进地区及国际交流，建立奖励机制，提倡奉献精神。（三）在保持统一的民族意向的前提下，因材施教，不同省份可以实施不同的教育方式。（四）要强调教育是一项全社会的工作，是全社会的首要任务。要求私有部门、非营利部门和民间社会都发挥作用，加强必要的基础设施建设与管理，建立民间私立大学。（五）扶持科学研究，为学生创造进行科学研究的必要条件，提供必要设施，借鉴外来经验。（六）重视将特殊的需求加入到不同阶段的教学实践中去，发展教学设施和手段。（七）在大学阶段实施更加灵活、更具有多样性的教学大纲，要能反映出学生们独立的人格。教学机构与政府和教育机构进行协调，建立选择、任命、晋级和评定制度，赋予有能力的人员以优先权。（八）增加大学和高等教育的容纳能力，保证那些渴望受到高等教育的人能享受到他们的权利。

埃及全国大学总数为28所。著名的有开罗大学、亚历山大大学、艾因·舍姆斯大学、爱资哈尔大学等。

开罗大学是一所国际知名的大学，也是埃及规模最大的高等学府。这所大学始办于1908年，原为民办埃及国民大学，1925年并入官办的埃及大学，1940年改名为福阿德一世大学，1953年改名为开罗大学。该校注册学生达15.5万人，教学人员约8000人，其中教授2000多人，职工1.22万人。开罗大学总部在吉萨，主校园有18个学院、5个研究所及开放大学中心，另外还有很多分校和学院。开罗大学办学经费充足，师资力量雄厚，生源较好，注重培养学生能力和培养高级人才。该校自成立以来已有100多万毕业生，其中包括许多著名专家学者、社会名流和国家领导人。

面对21世纪全球化的挑战，埃及政府强调要重视人才教育。为此，政府确定了埃及教育未来发展纲要，强调要有先进的学校、先进的师资、先进的教育纲领和提供有特色的公众教育机会，并为此实施了一些跨世纪教育工程。

十月六日城是中东地区同类教育中最早和最大的教育基地。教育城占地面积达58费丹（1费丹含6.3市亩），其中的科技信息中心占地面积2.465万平方米，为受训人员建造的旅馆达2万平方米。教育城下设12个机构，包括采编、分析各种材料的信息中心、科技研发和培训总中心、立体文化中心、上演三维和二维科学电影的三维立体剧院。该剧院还可通过因特网了解最新的科学影视资讯，涵盖天文学、太空、海洋等方面的资讯。科技信息中心建有设施完备的图书音像馆、电子图书馆、活动展览大厅、科技知识厅、自然历史厅、文化厅、教学节目制作厅、环境与社会服务厅、教学媒体示范与维修工作间、艺术总会、文化文学总会、语言实验室、研究室、会议室及行政办公室等。教育城同时可容纳数千名受训人员。

重视科技工作

埃及政府非常重视科学研究和技术开发。认为这项工作是实现发展、解决问题和消除落后最重要的手段之一和基本支柱。政府十分关心各个科研部门，为其从事研究探索创造各种条件，提供一切方便，以期在全面发展进程中最大限度地从中受益。

埃及政府制定了一系列有关开展科学研究与技术开发工作的政策，主要内容有：为发明专利建立数据库，并寻找合适的渠道把这些发明创造推荐给工业机构和生产部门；利用国外埃及侨民的经验，把他们在微电子、生物技术、通信、计算机硬件及软件、新材料等方面的技能引进埃及并加以利用；在大学、研究中心与服务、生产中心之间建立密切的合作关系；进一步关注地区开发，扩大地区间的科学活动；在科技合作方面，设计并协调国际关系与国际协议；向科研部门放权，将其视为科技权威部门，由其制定国家的科研政策和计划；引进的技术要符合开发本国技术的宗旨；优先考虑与开发项目直接相关的科研工作；保持基础研究与应用研究之间的平衡；对需要长期解决的问题及解决办法进行统筹考虑；对技术转让及其适应过程制定明确方针，并确定其基本需求；在科学研究和技术开发方面发挥私营部门和商人协会的作用。

埃及政府逐步完善和加强了科学研究和技术开发机构。内阁中设有科研部，下设13个科研中心，还有一个管理研究院和研究中心的最高委员会。其他部下属的科研中心有219个，高校的科研中心有114个。

在这些科研机构中，最重要的有三个，一是科技研究院，二是科研城，三是科研中心。科技研究院的规划定位是：制定政策，挖掘各大学和各部委所属科研中心的科技研究潜力，解决国家所需解决的问题，协调研究机构与生产服务公司之间的关系，满足主要研究开发项目的需要，推动埃及的科学研究，将现代科学技术运用到社会经济发展的各个领域。科研城是埃及最大、最现代化、设施较为完备的科技基地，其宗旨是发展科研事业，实现科研与经济发展相结合的目的。科研城坐落在亚历山大的新阿拉伯塔城，占地面积100费丹。该城有八个研究学院，四个科技中心，涉及现代科学技术领域。科研中心成立于1998年7月，负责发现人才，开发他们的能力，提高他们的科学、艺术、文学水平。该中心设立了一大批专业俱乐部，涉及电子科学、计算机、生物、环境等领域，并负责在埃及公众中普及科学意识。

埃及成立了各种专业性的科研机构，如矿物开发研究中心、国家遥感和太空学机构、国家天文学和地球物理学研究学院、国家海洋学和渔业学院、国家标准学院、石油研究学院、电子研究学院、眼病研究学院、特尤多尔血吸虫病研究院、投资和科技研究基金会等。在原子能、核能研究方面，有核能研究中心和国家核安全和放射检测中心。埃及还建成了第一个核反应堆。

埃及实施了一些科研项目。硅谷工程位于苏伊士运河东岸西奈半岛上，总面积达16.5万费丹，总投资约120亿美元。这是埃及发展高科技的一个特大型项目，高科技产业主要有电子、生物技术、通信网络的自动控制、电子数据输送等。科技兴国工程旨在建设高科技开发区，以适应当今世界技术发展的潮流，应对大经济集团的挑战。21世纪儿童俱乐部遍及全埃及，主要目的是向儿童普及信息知识，推广计算机知识和因特网知识。埃及成功发射了两颗人造卫星，即尼罗河卫星101和尼罗河卫星102，专门用于通信联系，为传送新闻和电视、广播等项业务服务。

埃及政府发布了关于发展信息通信技术的国家计划。同时，政府在振兴信息技术国民大会上提出了技术振兴国家工程战略。这项新战略的主要内容是：全民重视信息和信息应用；走向世界市场，努力获得世界需求份额；大力发展人力资源，努力在儿童俱乐部、文化中心、中小学和大专院校中普及电脑使用；扩展政府和私营企业中的培训计划，加强对创新者培养中心和软件业的支持；向教育、培训技术人员和专家领域的大公司派工作组，落实对新程序、新科学材料和培训方式的发展；更新基础设施，尤其是通信网络，降低使用费，传输信息，建设并装备培训中心，建设设备完善的地区，吸引软件工厂落户。

2001年，埃及政府制定提升埃及信息技术基础设施的战略方针。2003年，埃及开始实施“智慧村”工程。同年9月，智慧村第一期工程剪彩。智慧村毗邻金字塔，意味着要把法老文明与当代尖端科技有机地联系在一起。智慧村工程旨在为发展高精尖技术特别是信息和通信技术创造一个特殊环境，是埃及迈向信息高速公路的重要一步。埃及权威部门认为，智慧村是一个智能工业城和信息产业装配中心，旨在向信息通信领域不同技术的从业者提供高质量的信息服务，是埃及第一个划给通信和信息技术活动的专门地区，是埃及21世纪的文明跨越。

智慧村建设的资金由埃及政府和私人投资者联合筹集，由信息通信部提供建设用地。埃及领导人通过互联网向世界各地的投资者发出信函，鼓励他们参与智慧村的投资。

在智慧村的建设中，埃及政府充分考虑到几个关键因素，其中包括环境建设，在450费丹占地面积中，要求建筑面积不超过总体划拨面积的10%，其余90%的面积用作绿化。取消智慧村里的一切行政和官僚壁垒，使其能够真正成为携带知识和技术的世界资本的落脚点。

埃及政府为智慧村规定了具体目标：智慧村要成为外国通信信息技术资本进入埃及的通道；使埃及成为中东地区发展软件业的基础；吸收技术领域尤其是电脑软件和通信信息服务领域的世界性大公司到埃及建立生产中心，为埃及经济带来高附加值；为从事思想创新的技术活动创造良好的工作环境；构建技术发展和知识转移的新框架；通过培训，培养信息通信技术领域的新人才；增加信息通信技术行业的出口能力；通过美国公司和埃及公司的密切合作，使智慧村成为埃及技术开发区新的地区投资范例；提供技术孵化器，鼓励青年毕业生开展创业活动，向有经济效益的项目提供必要的财政支持助其成功；加快电子政府步伐，使用数字技术；利用信息技术，扶持教育工程；建立远程医疗网，支持卫生领域。

智慧村工程分三阶段，埃及政府加大了对该工程的投入，世界各大公司也纷纷表示向该工程投资。世界驰名的微软公司总裁比尔·盖茨对该工程开启表示祝贺。他说，埃及是文明的发源地，其悠久的历史令人赞叹。因此，把智慧村建在离吉萨金字塔近在咫尺的地方也就不足为奇。微软公司已经与智慧村联系在一起，出巨资在其中建立了大楼。埃及是微软公司在世界上业务增长最快的地区之一，所有微软埃及分公司的员工及他本人对这一成就感到自豪。比尔·盖茨说，智慧村完全有机会成为中东地区的技术明星，他祝愿智慧村计划繁荣兴旺。

发展中的埃及电子业

重视妇女的地位和作用

在埃及历史长河中，妇女的地位和作用发生过沧桑变化。在法老时代，妇女与男子并肩生产劳动，参与各项社会活动，出现过女王，为埃及光辉灿烂的古代文明作出了重大贡献。公元前332年马其顿入侵埃及后，妇女地位大大下降。19世纪末20世纪初，埃及女权运动兴起，成为亚非拉国家中最早出现女权运动的国家之一。1952年“7·23革命”后，新生政权决定给予妇女所有的社会权利和政治权利。1956年的埃及宪法规定，妇女有选举权和被选举权。1957年，埃及妇女首次当选议员。1962年，埃及内阁有了第一位女部长。

由于历史的原因，埃及成年妇女文盲率高。为此，埃及政府专门成立了成人教育最高委员会，通过了基本服务法，由社会事务部负责具体实施，其中一项重要工作就是对未接受过教育的成年妇女开展扫盲工作。按埃及有关法律规定，凡不服兵役的男女大学生在毕业后有义务从事基本服务一年，对成年妇女开展扫盲工作。与此同时，埃及政府还采取有关措施，在农村妇女中积极开展扫盲工作，以改善农村妇女的受教育状况，这项工作取得了明显进展。统计数字显示，埃及妇女的文盲率在逐步下降。

在埃及全国各地，成立了许多女子学校，很多学院设立女子班。在人口稠密地区，开展一校一个女子班工作，为女性接受教育提供机会。在埃及全国各地尤其在乡村地区已建成约2650所类似的学校，以便接收那些年龄在8~14岁但从未上过小学的女孩子，这类女生数量已达5.56万，她们的学习年限为5年。学校还根据当地的环境和情况设立专门项目，对这些女学生进行职业培训。

埃及政府决定将1990~1999年和2000~2010年两段时间作为扫盲20年，而工作重点是在成年妇女中开展扫盲工作。1991年，成立了扫盲和公共教育委员会。国家制定了扫盲工作的政策，其要点是：采取科学方法，对农村和偏远地区的学员不分年龄、教育水平和职业进行统一归类，制订扫盲计划，开展扫盲活动；采用适合不同学习者的先进方法吸引受教育者，其中包括自由缔约制订扫盲计划，教育宣传队开展宣教活动，通过覆盖埃及各县的电视和广播电台进行普及教育，将扫盲课程磁带和课本发送到学员手中，鼓励他们自学；将国家妇幼委员会采纳的培训女青年工程置于2002~2007年计划的第一阶段，为50万女青年提供良好的教育；启动青年毕业生与社会发展基金签约工程，由这些毕业生担任成年扫盲班教师，并开设扫盲班配套的训练中心，对妇女在缝纫裁剪方面进行短期培训。在包括盲人、聋哑人在内的残疾人群中开展扫盲工作。在妇女俱乐部、监狱、疗养保健机构、青年活动中心国家社团等场所开设扫盲班，通过埃及扫盲卫星频道播出扫盲课程；增加扫盲工作的财政投入，为实施扫盲计划专设信用贷款。

埃及妇幼工作委员会是在保护母亲和儿童方面协助政府开展工作的最高机构，负责制定有关政策和计划。该委员会的主要任务是：拓宽托儿所的空间，使其容纳所有的婴儿；为半残疾人士提供各种教育机会；为母亲和儿童提供各种康复和治疗服务，保障他们的健康；研究童工现象，改进有助于保护童工的直接服务，避免新的童工进入劳务市场；在保护和照顾童工的问题上，发挥城市民间组织的力量，使其成为政府的合作伙伴；培训决策者和相关领导，使其用适当的方法与不良少年交流，帮助他们融入社会；在城乡增加图书馆数量。

国家妇女委员会和妇幼工作委员会启动了一些重点项目。在这些项目中，女童割礼工程是最为引人注目的工程。割礼原是古埃及人的一种风俗。犹太教把割礼作为对初生男婴举行的一种宗教仪式。后来，伊斯兰教也沿用这一习俗，并有变化。在埃及等伊斯兰国家，不仅男孩要行割礼，女孩也要行割礼。女孩的割礼要复杂一些，危险性也就更大一些，影响到女童的健康。埃及妇女工作组织认为，割礼是践踏人权、摧残妇女肉体和精神及其尊严的行为，应该从人权角度审视这个问题，要采取措施保护女童免遭割礼带来的消极影响，改变社会对这一问题的看法，抵制女童割礼。在生育健康和健康母亲工程方面，强调要教育男女青年避免早婚，使怀孕妇女避免不安全怀孕，让人们了解传染病的传播和如何避免儿童残疾。在解决流浪儿童问题上，强调制定全面战略和行动计划，召集有关会议，与各相关部门和民间机构一道为流浪儿童提供保护。在女童教育工程方面，强调要加强这方面工作的力度，向最偏远地区最贫穷的女童提供真正的、良好的免费教育，从国内外有关机构募集资金，从民间机构的补充性项目收益中获取捐助，动员和鼓励公民以志愿者的形式参与这项工程，作出贡献。

埃及人与世界其他各地的穆斯林一样，认为生儿育女是真主的恩赐，多多益善，不应人为地加以限制。在这种宗教思想影响下，加之文化教育工作不力，埃及人口一直迅速膨胀。19世纪初，埃及人口约300万；20世纪初，全国人口增至1200万；1980年人口增至4200万；1986年增至5040万；1996年人口达6140万，10年间增加了1100万。2003年年底人口增加到7055万。2008年又增加到7950万。这些数据显示，埃及人口仍在逐年递增。

埃及政府十分重视人口问题，采取了一系列措施减缓人口增长速度。有关政府机构和新闻媒体大力宣传人口问题的严重性，努力提高埃及民众的思想觉悟。政府制订了人口控制目标，建立了人口机构，成立了人口部，制定了计划生育计划，号召每对夫妇生育两个孩子。在全国各地成立了数千个计划生育服务站，进行计划生育宣传教育并提供避孕药具。农村干部做了数百万人次的家访，对育龄妇女进行计划生育教育。由于采取了这些措施，埃及在减缓人口增长速度方面取得了一定成效。但人口增长问题仍然是埃及发展进程面临的严峻挑战。为此，埃及人口政策的首要目标仍然是控制人口增长，降低人口出生率，将人口增长率每年降低0.1%。埃及在这方面的工作仍然非常艰巨，可谓任重而道远。

第五章　经济状况

沉重的经济负担

的确，埃及是尼罗河的恩赐。尼罗河为埃及人提供了得天独厚的生存和发展条件，也为人类创造了伟大文明，留下了瑰奇绚丽的人类早期文明。据统计，埃及国土总面积为100.2万平方公里，其中有人居住的面积为55367平方公里，仅占总面积的5.5%，其余为沙漠。可耕地主要集中在尼罗河谷和尼罗河三角洲一带，面积有限。据2008年统计，全国可耕地面积为860万费丹，约占国土总面积的3.57%。埃及是农业国，农村人口占全国总人口的56%，农业产值约占国民生产总值的14%。埃及属于干旱少雨地区，绝大部分沙漠地区终年无雨，农作物多靠灌溉。水资源主要有三个基本来源，即以尼罗河为代表的河水、雨水溪流和地下水，其中以尼罗河水为主，此外还有少量其他水资源。在可利用水资源中，85%用于农业。由于可耕地少，农业生产科技含量低，政府关于农业、农村、农民的政策不能调动农民的生产积极性，加之埃及人口增长快，尽管粮食、蔬菜产量有所增加，但全国所需70%的粮食仍靠进口。埃及是世界上最大的食品进口国之一。

埃及工业基础较为薄弱，纺织和食品加工等轻工业为传统

棉花是埃及的主要出口产品之一

工业，约占工业产值的一半。进出口贸易以进口为主，主要贸易伙伴为美国、法国、德国、中国、意大利、英国、日本等国家。埃及主要进口商品包括：机械设备、谷物、电器设备、矿物燃料、塑料及其制品、钢铁及其制品、木材及其木制品、车辆、动物饲料等。埃及出口商品少，且科技含量低。主要出口产品包括：以石油及其制品为主的矿物燃料、棉花、陶瓷、纺织服装、铝及其制品、钢铁、部分谷物和蔬菜等。由于进出口极不平衡，埃及外贸连年逆差。

埃及财政来源除税收外，主要依靠石油、侨汇、苏伊士运河和旅游四项收入，但入不敷出，每年都有大量财政赤字。因此，政府一方面紧缩开支，另一方面争取外援。美国是埃及的主要援助国。

人口快速增长已经成为埃及可持续发展的一个重要制约因素。埃及领导人清楚地知道，发展遇到的真正挑战是高速增长的人口问题。人口的增长吞噬掉了所有发展的资源，造成失业、社会弊病流行。从可持续发展角度看，人口快速增长给埃及带来了一系列负面影响，冲抵了经济增长的成果，加重了就业负担，对环境造成压力，导致过度城市化。

由于埃及沙漠面积大，农业发展缓慢，农村生活条件艰苦，又由于城市尤其是大城市现代化工业和服务业的发展，农村人口大量拥向城市。以开罗为例，1981年开罗人口870万，占全国人口的20%，2006年大开罗人口猛增到1830万，增加960万，占全国人口的23%。政府要为他们解决吃饭、穿衣、住房、教育、医疗、道路、供排水设施、文化娱乐、社区管理等一系列问题。人口剧增还给开罗带来汽车猛增、交通拥挤、垃圾成堆等问题，造成城市空气和水污染。

随着埃及经济私有化进程的深入，国民经济中的私有经济快速增长，其产值已占总产值的66%左右。埃及两极分化严重，据报道，全国20%的人控制着80%的社会财富。国内多数人生活水平不高，近一半人口生活在贫困线以下。为改善人民生活，政府长期对大米、面粉、面包、食油、糖和能源等基本生活物资实行物价补贴，从而增加了政府的财政负担。

致力于经济发展

埃及政府实行经济开放政策，大力吸引外资，发展私营企业，促进国营企业。这一经济政策取得一定成效，但也带来不少弊端。四次中东战争给埃及经济造成的巨大创伤也明显暴露出来。1981年埃及的经济已到了瘫痪、几近崩溃的边缘。为此，他们要求各阶层人民必须坚持，忍耐，努力，奋斗，改变困难的经济状况。

埃及政府决定制定新的经济战略。这一经济政策既不同于纳赛尔中央集权的“国有化经济”，又不同于萨达特的消费性“开放经济”，而是务实、审慎的改革方针。

埃及政府坚持对外开放政策，提出有指导的、有针对性的对外开放政策，特别强调要奉行向西方开放的经济政策。他们提出开放不仅要使埃及能够吸收西方的现代化技术，而且要创造新的就业机会，向消费者提供数量更充足、品种更多、质量更好的产品。1982年，政府邀请埃及各方代表和著名经济学家参加全国经济工作会议，共商国事。

埃及政府重新制定了新的经济发展计划，决定实行新的“五年计划”。为调整经济政策，实施新计划，政府采取了一些新措施。

埃及政府决定改革国营企业，扩大国营企业的经营管理权，并签署了对国营企业实行重大改革的新国营企业法。这项法令规定，国营企业的最高权力机构不是政府部门，而是企业董事会；国营企业在国家指导性计划而不是指令性计划下独立负责管理生产。这项法令的关键是给予国营企业自主权，在体制上对国营企业进行重大改革。与此同时，这项法令还规定，国营企业享受联合股份公司法中规定的待遇，使之享有国家提供给私营企业的一切优惠。国家还拨出专款为国营企业更新、增添机器设备，帮助国营企业摆脱困境，获得发展。

与此同时，埃及政府鼓励私营企业，鼓励私人资本向生产部门投资。埃及领导人认为，如何调动私营资本的积极性，发挥其作用，对埃及国民经济的发展有重要作用。政府向私商和私营企业提供优惠，允许埃及私人投资者享有外国投资者享有的免税规定，允许私商进口某些食品，打破国营公司对这些商品进口的垄断。政府还通过提高汇率、降低所得税、开放投资领域等措施鼓励侨民向国内投资。

为了改变消费品进口过多过滥的状况，压缩消费，抑制通货膨胀，平衡支付赤字，调整进出口政策，使进出口合理化。内阁成立了进口合理化委员会，负责批准一切有关进口的申请，加强进口管理。这样一来，高级消费品和不必要进口的商品进口大大减少。与此同时，政府还成立了以财政部长为首的出口发展委员会，加强出口管理。原来的进出口银行改为出口银行，专门资助出口商人和出口公私企业。允许出口私商获得全部外汇收入。通过采取一系列鼓励出口措施，出口状况在一定程度上得到改善。

埃及政府还调整了农业政策。根据新政策，政府鼓励开垦，凡从事开垦者，均可获得低息贷款和免税优惠，提高农产品收购价格。政府鼓励和支持发展大型农业项目，提倡农业机械化，推广农业先进技术。一再强调发展农业的重要性，呼吁振兴农业，并认为农业是埃及的未来，争取大部分农作物达到自给自足。要求增加耕地面积，改良耕地。提倡科技兴农，提倡科学、合理地利用水资源。

入不敷出，国库亏空，经济犯罪活动猖獗，严重地制约着埃及经济的发展。埃及政府决定紧缩开支，抑制消费，削减物价补贴，整顿自由区，打击非法投机商。首先削减总统府和政府机构的开支。政府发放两种补贴卡，绿色为低收入者，可享受必需的基本生活补贴商品，红色为较高收入者，享受部分补贴。高收入者不发给补贴卡。与此同时，政府号召人民买埃及货，以期节约外汇，抑制高级消费品的进口。政府采取措施，整顿塞得港自由区，治理税收工作，缉查偷税漏税，打击不法投机商人，并解除贪污受贿的政府高级官员和国营企业管理人员的职务。

埃及政府还在重要战略地位和国际关系方面做文章。1990年初，埃及出兵参加了以美国为首的多国部队向伊拉克开战的军事行动，受到美国等西方国家及海湾阿拉伯国家的赞赏。这些国家宣布免去埃及债务达250多亿美元，其中美国减免埃及债务170亿美元，另有多个国际金融机构恢复对埃及贷款或向埃及提供紧急援助。后来，沙特阿拉伯、科威特、阿联酋、卡塔尔等阿拉伯国家减免了埃及620亿美元的债务。欧洲国家和日本减免了埃及15%的债务，均等于200亿美元。国际货币基金组织从埃及225亿美元的债务中减免150亿美元，后又减免45亿美元。这就大大减轻了埃及还本付息的负担和资金短缺的压力。

埃及政府决心加大改革力度。在国际货币基金组织指导下，埃及进行全方位经济改革。改革的主要目标是稳定汇率，控制通货膨胀，削减预算赤字，恢复宏观经济稳定，对经济结构进行深层次调整。国营企业的改革是改革的重点。为调动国营企业的积极性，国家逐步减少对企业的保护和补贴，只向企业征税，扩大企业自主权，自负盈亏。企业实行股份制，向企业职工或社会出售企业部分股权。实行国家企业私有化，这是埃及国营企业改革的基本方针。国家决定开放外汇金融市场，允许非官方金融机构从事外汇业务。开放信贷利率，大幅度削减政府补贴，提高能源价格，放宽国内私人和外国人投资限制，取消对105种埃及不能生产的外国产品的进口限制，增设普通消费税等间接税。通过改革，埃及基本实现了宏观经济稳定。

为把经济改革进一步引向深入发展，政府制定第三阶段经济发展计划，主要目标是加快私有化进程，吸引外资，扩大出口，并采取了一些措施，调整经济结构，改善投资环境，政府加快经济改革的口号是：实现均衡、持续、实在的发展。

跨世纪的经济布局

尼罗河三角洲和河谷地区被称为旧河谷地区。这一地区人口快速增长，经济生产过于集中，已经不堪重负。为此，埃及政府制定了面向21世纪的经济新布局，也就是：走出河谷，开发新天地，开拓新经济区。

埃及经济新布局重点是开发西部沙漠和运河东部西奈半岛等地区，使埃及经济在21世纪呈现西部沙漠和西奈半岛两翼齐飞的新布局，彻底扭转只依靠旧河谷地区这一不合理的布局。

西部沙漠面积约68万平方公里，占埃及总面积的68%。沙漠东起尼罗河谷，西到利比亚边界，北起地中海沿岸，南到埃及的南部边界。西部沙漠分为北半部和南半部。北半部包括海岸平原、北部高原，以及素优瓦绿洲、高塔拉低地、奈特龙谷地和海上绿洲等大片低地。南半部包括法尔法拉绿洲、哈里加绿洲、边赫拉绿洲及最南端的阿维奈绿洲。

西奈半岛面积为6.1万平方公里，约占埃及总面积的6%。西奈半岛呈倒三角形，底边为北部的地中海，顶角为南边的穆罕默德角，东边为亚喀巴湾，西边为苏伊士湾和苏伊士运河。西奈半岛的地形主要分为三部分：南部有许多花岗岩山峰，其中的凯特林峰海拔2637米，为埃及的最高峰。中部为高原区，高原的谷地向地中海地区逐渐降低。北部是一片开阔的平原区，雨水自南部高地和中部高原区顺势而下，汇集于此地。

为了开发西部沙漠地区，埃及政府投资修缮铁路，新修公路，把沙漠中的绿洲与尼罗河、红海沿岸城市及码头连接起来。政府在新开发区修建生活小区，配备生活卫生设施，开办各类学校，为来此地工作的工程专业人员成倍提高工资，给予优惠待遇。

沙漠地区生活的埃及人

开发西部沙漠的关键问题是引水进沙漠。为此，政府决定修建新河谷水渠工程。整个工程从1997年1月动工，预计于2017年6月30日竣工，历时20年。这项水利工程包括开挖谢赫·扎伊德水渠和主水渠，修水泵站，其中谢赫·扎伊德水渠将连接纳赛尔湖和巴里斯绿洲，全长310公里，主水渠全长72公里。

根据国际协议，埃及每年可利用555亿立方米的尼罗河水，谢赫·扎伊德水渠每年用水量为50亿立方米，可使45万费丹土地受益。2017年全部工程竣工后，将有430万费丹的土地受益。与此同时，政府在西部沙漠西南角通过打机井开发地下水资源。据测定，这一带地下水水质好，水源丰富，足以供一个世纪的用水。该地区可耕地面积为22万费丹，其中16万费丹划归投资者和投资公司开垦使用。部分地段的主灌溉网已经建成，5000费丹的水果、小麦、椰枣喜获丰收。

开发西奈半岛的关键也是兴修水利，其主体工程是开挖和平渠，又称“谢赫·贾比尔渠”。该水渠全长175公里，第一期工程长87公里，从杜米亚特大坝前19公里处开始，至苏伊士运河，穿越五个县。第二期工程是铺设四条暗渠，穿越苏伊士运河底部，把尼罗河水引进西奈半岛。这条水渠每年流量可达44.5亿立方米，其中近一半为尼罗河水，达21.1亿立方米，其余为经过处理的农业排灌水。整个工程竣工后，可灌溉62万费丹的土地，其中40万费丹在西奈半岛，22万费丹在苏伊士运河西岸。一系列配套工程项目也同时进行，其中包括铺设6000公里道路，架设覆盖西奈半岛城乡的公共电网，开通连接世界各地的国际长途电话，还在西奈半岛北部地区铺设横贯东西的铁路，新建城乡住宅区。整个工程建成后，西奈半岛将安置300万人口，新增80万个就业机会。

跨世纪的经济新布局中还包括提升苏伊士运河的地位。这一构想不仅充分利用苏伊士运河的水资源，也为加大运河经济区开发力度制定新的发展计划。

苏伊士运河是一条著名的国际航道，位于埃及东北部，是亚、非两大洲的分界线。运河北起塞得港，南到陶菲克港，全长161公里，连同伸入地中海、红海段总长173公里。河面宽160~200米，深12~15米，可通航8万吨级巨轮。这条运河于1859~1869年凿成，在整整10年的开凿过程中，埃及人民做出了巨大牺牲。运河通航后，从西欧到印度洋之间的航程比绕道非洲好望角缩短5500~8000公里，成为欧、亚、非三大洲交接地带的要冲。这条运河不仅具有重要的战略地位，也带来巨额利润。但自1869年运河通航后，英、法握有运河的管理权，攫取运河带来的大部分利润。纳赛尔执政后，英国仍然控制苏伊士运河公司，并留有8万英国驻军。纳赛尔决心收复运河的所有权，最后一批英军被迫于1956年6月18日撤离苏伊士运河。同年7月26日，纳赛尔宣布苏伊士运河国有化。同年10月，英、法、以为此向埃及发动侵略战争，但以失败告终。1967年中东“六·五”战争中，以色列侵占西奈半岛，运河停航。1973年十月战争中，埃及收回运河东岸部分领土。1975年6月5日，运河复航。埃及政府对运河进行大规模拓宽浚深工程，可通行满载24万吨的巨轮，可容纳第四代集装箱船通过。

苏伊士运河水下隧道具有重要的战略意义和经济价值。这条隧道于1976年10月奠基，于1978年10月动工，1980年4月底竣工，1981年初正式启用。为纪念在十月战争中牺牲的埃及工程兵司令艾哈迈德·哈姆迪少将，隧道被命名为“哈姆迪隧道”。隧道及东西两边的慢坡公路全长5912米，其中西引道长2288米，东引道长达1984米，运河河底隧道1640米，深达运河河面以下38米。隧道内径为10.4米，呈圆形。隧道中间部分为主要通道，路面宽7.5米，两边有1.4米的人行道。每小时可通过2000辆汽车，双线双向行驶。隧道下部装有两条输水管，把饮用淡水输送到西岸半岛，每条输水管每天输水量为17500立方米。输水管旁附有高压电缆和进风道。隧道上部是废气排除通道。隧道东西有两个入口，设有专门校测处，测量通行车辆的体积、载重量及高度是否符合通过隧道的标准。

长期以来，埃及政府斥巨资对运河进行维护，并实施了一些发展工程。这些工程的主要目标是，把运河深度从16米加深到20.1米；把水面从3600平方米拓展到6750平方米。苏伊士运河给埃及带来的经济效益不断增加。

为了进一步发挥苏伊士运河在地理和经济价值方面的优势，埃及政府制定了运河地区新的发展计划。这项计划包括三大部分，第一部分是塞得港东部工程；第二部分是苏伊士湾北部工程；第三部分是核心港口工程。

塞得港东部工程的重点是建立自由工业区，工业区原规划为8750万平方米，后将面积缩小为1000万平方米。政府向投资者提供优惠政策，兴建一些大型项目，如钢铁、制药、机械、化肥厂及国内市场所需的多孔铁工厂等项目。

苏伊士湾北部工程，又称塞得港北部分支工程。这是一项综合性大型民用工程，主要包括港口和农业、工业、旅游区。该工程总面积为220平方公里，北起地中海，沿海22公里。根据设计，该工程包括修建中心枢纽港、自由工业区、旅游区、行政区、渔场和改良土地项目。

核心港口工程位于苏伊士运河北入口，总面积60万平方米。这项工程由长13公里的外运河和长3.8公里的内运河组成，允许巨轮通行的回转圆圈的半径为365米。卸货码头长1200米，宽500米，码头上装有12架起重机，广场上装有36架起重机，新港口使用后运输能力可达到每年260万集装箱。

该项目第一阶段工程已竣工投入使用。第二阶段工程运输能力从60万个集装箱增加到120万个集装箱。第三阶段工程集装箱达到260万~370万个。

开发埃及南部项目也是一项跨世纪工程。南部地区面积约58.58万平方公里，占全国总面积58%左右，但人口只占全国总人口的17%左右。这个地区的土地质量好，农作物产量高，有近60%的人口从事农业。针对这个地区的特点，首先要把农业抓好，而其重点是兴修水利，开垦土地。政府计划在这里建造拦河坝，引水灌溉农田。在新开掘的水渠两岸开垦大片土地，将其中一部分新垦耕地分配给农学院的毕业生，鼓励他们进行现代化耕种。

政府在南部地区建设一系列的利民工程，包括总长为1800多公里的公路网，新河谷至红海的铁路，阿斯旺、新河谷机场。修建红海风力发电站，架设电力网，扩大电话线路和容量。改善石油输送管道和煤气管道，提高管道输送能力和产品质量。此外，政府在该地区新建14个工业园区，7个食品加工厂，若干个建筑设备厂和采矿设备厂，修缮著名的卢克索和阿斯旺旅游景点，完善各种文化、卫生和生活设施。

埃及政府强调，一定要以科学的态度做好跨世纪经济新布局工作，一定要扎扎实实地做好这项工作。既反对悲观失望，又反对弄虚作假。实施这一规划费尽了心血，人们期望这一宏伟规划能给埃及带来丰硕的成果。

近年来，埃及宏观经济稳定且增长强劲。埃及于2006/07年度和2007/08年度的国内生产总值增长率分别达7.1%和7.2%。这些数据不仅优于中东和北非地区的平均水平，更比全球平均水平高出约两个百分点。埃及增长最快的行业包括旅游业、通信及信息技术产业、创造业、制造业及运输业。

埃及强劲、稳健、流动性充足的银行业系统造就了稳定的宏观经济，促进了埃及经济的持续增长。埃及银行业的存贷比率非常低，仅为53%，使得埃及能够在全球性银行业困境中，独善其身。

埃及拥有受过良好教育和专业培训的2，200万劳动力，为西亚北非地区之最。埃及有15个港口，为国内的出口商及进口商提供服务，并且机场网络不断拓展升级，以满足客运及货运的需求。此外，埃及还能提供有价格竞争优势且稳定的电力、水资源及天然气供应。

埃及已经发展成为区域内一个非常重要的消费市场，在过去两年里，数十个国际品牌纷纷进驻埃及，并且零售销售额急剧增长。一方面源于庞大的埃及人口规模；另一方面自2000/01年度以来，埃及人均收入从5，548埃及磅增长至2006/07年度的10，055埃及磅。同时，埃及人口中有59%的国民均为15岁至64岁的中青年，也对消费及投资趋势产生利好影响。

埃及有具有竞争力的税率，可自由进入欧洲、中东、非洲及印度次大陆等主要市场。与美国签订的合格工业园区（QIZ）协议使位于埃及的制造商能够将产品出口至美国市场，无须缴纳关税，也不受配额限制，但前提是其产品至少包含10.5%的以色列含量。欧盟——埃及联合协议使从成衣到家具以及食品等埃及产品运往欧洲均可享受关税优惠。此外，埃及的出口企业将产品出口至阿拉伯国家（通过大阿拉伯自由贸易协议）、东南非（通过COMESA）及阿加迪尔协议成员国均享受优惠政策。

埃及是中东和北非地区最为多元化的经济体之一，这有助于确保经济的长期增长和稳定。

埃及经济产业概况

旅游业

旅游业在埃及经济中占有重要地位。2004年，埃及的旅游业增长率为18.4%，成为中东地区旅游业发展最快的国家。中东地区19.1%的国际游客的旅游目的地为埃及。同年，埃及的酒店业收入占到了GDP的2.8%，旅游业对经济所产生的直接或间接的影响很大，大约占到了GDP的11.3%. 旅游业解决了12.6%的劳动力就业问题。旅游业占总外汇收入的23.4%，是外汇收入的第二大来源。休闲旅游业已成为埃及市场的主力，接待游客550余万人，占2003年所有接待游客的91.5%。为了增强埃及作为国际旅游胜地的吸引力，旅游产业继续致力于提高并开发新的项目，比如西海岸度假区。2006/2007财政年度，旅游业收入80亿美元，游客总数达980万人次，旅游业产值占国内生产总值的11.2%。2007/2008财政年度，埃及旅游收入达108亿美元。

海运业

埃及地处欧洲、亚洲和非洲交通要道，卓越的地理位置使其成为了航运枢纽。埃及的重要通道—苏伊士运河就是世界上最重要的航道之一。埃及最主要的港口包括国内最大的港口—亚历山大港和亚历山大港的延伸部分塞西莉亚港。杜姆亚特港拥有国内最大的集装箱码头和中东最精密的设备。其他还有塞得港和位于苏伊士运河下游的苏伊士港。2004年，埃及的港口吞吐量为168.800吨，占全世界商船吞吐量的20%。埃及拥有30个特定港口，吞吐量1190万吨（sumed石油港除外）。2004年，苏迈德（Sumed）石油管道吞吐量为2.163亿吨，比2003年同期增长了4.3%。同年，经过埃及港口出口的货物总量达到3602万吨，总进口量为4612万吨。埃及有7条国际海运航线，内河航线总长约3500公里，现有7个港口，年吞吐总量为5200万吨。

埃及港口

通讯与信息技术产业

埃及的通讯与信息技术产业是全球外包行业的佼佼者。在过去的几年中，埃及的通讯与信息技术产业年增长率一直保持在18%以上，每年的新投入超过93亿美元，年收入逾7亿美元，占国内生产总值的1%。2008年电信业收入占国内生产总值的2.4%。

埃及是地区通讯与信息技术的创新之都，并有计划进一步拓展。埃及通讯与信息技术部努力推进产业的发展，致力于在2010年前实现30亿美元年收入的目标。

埃及信息技术产业发展局（ITIDA）大力支持埃及的信息技术和业务流程外包（BPO）行业GAFI提供一站式服务，简化并加快了投资者服务，大部分企业仅需72小时即可完成注册程序。

人才培训。根据新推出的培训计划，埃及将向雇主补偿前两年80%的培训成本。

石化

埃及除拥有丰富的天然气储量外，还拥有生产各种石化产品所需要的多种原材料储备。石化行业约占埃及工业生产总值的12%，目前价值逾70亿美元。尽管其产值只相当于埃及GDP的3%，但国际行业专家和国内产业战略家一致认为，石化行业在未来具有极大的增长潜力。

在中东石化工业环境排名中，埃及名列第八。埃及目前已开始生产各类塑料制品、肥料和丙烯酸树脂制品。据埃及石化控股公司（Echem）预计，到2020年，该行业的年收入将超过

70亿美元，创造约10万个就业岗位。

农业产业

埃及农业具备良好的生长条件，并临近欧洲等全球主要市场，同时拥有优先的农时，使其能够抢先向欧洲输出有价值的农产品。

此外，埃及还拥有成熟的食品加工商，制造出的产品质优价廉，价格又颇具竞争力，因而吸引了全球各大市场的买家。

埃及的农业综合产业是国内食品出口业的一部分，是该国规模最大的出口行业之一。

农业部与贸易和工业部均将扩大农产品出口列为首要任务。

农业部目前正着眼于国家营销战略，将各推广中介的活动重新优先顺位。

埃及政府努力提升农业质量标准，在行业中推行危害分析关键控制点（HACCP）标准。

汽车装配业

埃及是在西亚和北非地区中为数不多的拥有国家生产汽车能力的国家之一，并且是北非最大的汽车生产商。埃及的汽车工业提供了大约6.2万个工作机会，并且在减少埃及失业人口方面扮演更加重要的角色。埃及拥有巨大的劳动力资源和低成本的基础设施，因此埃及将汽车原材料制造业输出到新兴市场和更低生产成本的国家，通过全球合作交换的方式来获益。公共汽车的出口量占汽车出口总量的63%，决定着埃及的出口。由于埃及货币的大幅贬值，极大地提高了埃及汽车生产商的国际价格竞争力，埃及的汽车出口量大增。

水泥工业

新的《抵押法》正式实施以及由此引来的"建房热"使得埃及的水泥工业供不应求，生产商也在最大限度地进行生产。2002年，埃及在主要水泥生产国家中居第13位。2004年水泥产量达420万吨，超过国内需求量，从而使得主要销往邻国的出口占到总产量的14.6%。由于低廉的原材料成本费用和可靠、实惠的能源，埃及与其他水泥生产国相比，具有非常优越的成本优势。

纺织工业

通过在生产和加工领域采用最新的技术，埃及纺织工业不断增强了自身的竞争力。2003年，200亿埃及磅的工业产品中纺织生产占了27%。埃及政府制定了目标：在2006年~2010年期间纺织品的年均出口量翻一番。纺织业年均30亿埃及磅的出口额是埃及主要的收入来源之一。其中，外套的出口量占纺织业的46%，反映了高科技在埃及外衣生产加工业上的应用。合格工业区内的优惠政策使向美国出口的纺织品大幅度增长。美国和欧洲是埃及纺织品出口的原始市场，其出口市场占有量分别为40%和38%。

制药业

埃及的制药业开始于1939年，被称为国家历史最长的战略产业之一。埃及对医药品的需求在1997年至2001年期间的年均增长率为116%。同期的人均消费量增长率为93%。埃及在青霉素、疫苗、维生素B1和配糖类等药品的生产上具有很强的竞争力。在埃及，肝脏治疗和氨基酸药品生产的原材料都是人工制造的。其医药品的出口在中东地区排第七，比起同一区域的大部分同行来说，埃及的制药业呈现出比较稳定的发展趋势。2004年，医药产品的投资额为54亿埃及磅已发股票。医药品领域的整个投资额为71亿埃及磅，其中占21%的11.5亿埃及镑来自国外投资。

食品加工业

2004年，食品加工业产值为310亿埃及磅，占整个埃及工业部门产值的50%，年均增长率为20%。埃及的食品加工工业在整个埃及的加工出口工业中占6.85%，其占据份额居第二位。矿产燃料和石油生产部门占据第一位。

埃及的水果汁和蔬菜汁的出口在中东乃至全球同行中具有很强的竞争力。其出口增长速度与新鲜、冷冻和速冻蔬菜的出口在同一步伐上。埃及的食品之所以具有很大的潜力主要是因为其原材料的成本低，劳动力的成本也比较低。

物流与运输

埃及具有得天独厚的地理位置和不断完善的基础设施，其作为全球物流中心的地位不断增强。这为企业进军欧、亚、非市场，并与之进行贸易提供了便利条件。

每年全球超过8%的海洋运输借道苏伊士运河，而越来越多在土耳其和西班牙投资的中国及印度跨国公司则将埃及作为面向欧洲市场的生产基地，埃及物流与运输行业在国际贸易中的作用日益突显。

目前，埃及物流和运输业占GDP的4.6%，拥有逾6.4万公里公路、5，063公里铁路，各大中心城市均建有国际一流机场，其中，开罗建有一个拥有五个货站的货运机场。地中海沿岸有五个海港，红海有三个海港，全国有六个深水港，尼罗河沿岸还有一套完善的河运设施网络。

发展中的埃及物流与运输业

金融服务

埃及的金融服务业是中东地区历史最悠久、实力最为雄厚的行业之一，也是区域内发展最为成熟的行业之一。随着私有化进程，出售、合并、收购及扩张潮的推进，金融服务业蕴含无限潜力，包括零售、商业银行、保险、按揭融资和咨询服务在内的众多子行业都有无穷商机。

外贸

出口　离岸价333.6亿美元（2008年估计）

出口商品　原油和石油产品，棉花，纺织品，金属制品，化学制品、陶瓷等。

主要出口伙伴 美国：9.7%，意大利：9.5%，西班牙：7.6%。叙利亚：5.5%，沙特：4.9%，英国：4.2%（2007年）

进口 离岸价：564.3亿美元（2008年估计）

进口商品 机械和设备，食品，化学制品，木制品，燃料、电器设备、钢铁、汽车等。

主要进口伙伴 美国：11.7%，中国：9.7%，意大利：6.4%，德国：6.3%，沙特：4.7%，俄罗斯：4.3%（2007年）。

苏伊士经济区

原定面积233平方公里，分为13个区块，其中4个区块已由不同的开发公司分别购买进行开发（以开罗—因苏啥那公路为界，南部89平方公里分为4个区块，北部144平方公里分为9个区块）。

埃及政府决定将经济区面积缩减到92平方公里左右（南部约50平方公里，北部约42平方公里）。保留现有的开发公司，在已购土地上保持按照1997年8号投资保护与鼓励法进行经营。制定统一的经济区发展规划，划定区块按照2002年83号经济特区法进行经营，新设立经济区管理机构和经济区开发控股公司，提供“一站式服务”。

苏伊士经济区的优势在于埃及政府重视发展经济区，所制定的经济特区法为出口型工业企业提供了优惠的政策待遇。经济区地处亚非欧三大洲连接处，交通便利，能源价格便宜，人力资源丰富，具备一些矿产资源，并可以利用埃及与多个国家签订的优惠贸易安排进行出口。

在经济区投资要注意充分利用当地资源，选择符合埃及国情、产品有技术含量并使用当地劳动力的适当规模项目，审慎选择合作伙伴，以埃及为基地，将产品辐射到周边国家市场。

埃及政府已在经济区投入了大量资金，努力改善经济区的外部环境，苏伊士经济区配套公共设施建设取得了较大进展，初步具备了接纳投资者来区内投资的条件，为进一步开发建设奠定了基础。

道路

从开罗到经济区有两条公路主干线，一条为快速单向三车道封闭式公路，全长约160公里，车程约1个半小时；另一条从开罗经苏伊士城通往经济区的单向双车道公路，全长200公里，车程约2个半小时。

排水

经济区目前尚未修建排水、排污设施。埃及计划在经济区东部铺设一条从苏伊士城到因苏哈那港的排水总管道，并在港口南侧海滨建设一座大型生活污水处理设施，以解决苏伊士经济区、因苏哈那港和海滨旅游度假村的生活污水排放问题。

高架桥

为改善经济区与港口的联系，便利经济区货物出入港口，埃及政府计划在港口通往经济区的公路与苏伊士城至经济区的公路交会处修建一座高架桥，使经济区进出港口的货物可以毫无阻碍地通行。

防洪设施

为防御经济区遭受四周高原区可能形成的洪水的袭击，经政府组织，由苏伊士经济区各有关开发商共同投资，在经济区周边修建了防洪设施。

机场

埃及政府准备在因苏哈那兴建埃及最大的国际货运机场。

苏伊士湾西北经济区

苏伊士湾西北经济区是埃及重要的区域开发项目。总面积达233平方公里，其中的3号区块由中埃双方组建合资公司进行开发，面积为21.85平方公里。

中埃两国政府1997年签署谅解备忘录，中国同意帮助埃及在苏伊士地区建设一个自由区，并提供建设经济特区的经验，鼓励中方企业界参与自由区的项目建设。1998年，中国国务院领导确定由天津开发区承担该项目。1998年4月天津开发区成立了苏伊士国际合作有限公司，负责项目的具体合作。

1998年5月，苏伊士国际合作有限公司与埃及国民银行、国家投资银行、阿拉伯承包商公司以及苏伊士运河管理局等四家单位共同投资成立了“埃中合营投资股份公司”。埃中合营公司购买了经济区13个区块中的3号区块，从中选取2平方公里作为起步区。

埃及政府最初决定在苏伊士地区设立经济特区时，制定了一个宏伟的战略规划，希望将其建成一个综合性的工业基地，并利用其区位优势带动埃及产品的出口，缓解埃及的就业压力。

2002年6月，埃及政府正式颁布了“经济特区法”，将苏伊士湾西北经济区定位为经济特区。

2004年1月胡锦涛主席访问埃及期间，中国商务部与苏伊士经济区管理机构签署了关于“中埃双方加强在埃及苏伊士湾西北经济区投资合作的谅解备忘录”。此后，中埃双方建立了联合工作机制，将进一步推动中国企业到经济区投资。

2004年12月，商务部薄熙来部长率大型经贸代表团访埃，中埃双方进一步加强在苏伊士经济区的合作达成共识，双方同意继续大力鼓励中国企业到经济区开展投资合作，并继续对入驻经济区的中资项目给予政策支持。

投资机制框架

埃及投资部于2004年7月成立，负责监管投资政策，协调各投资部门和机构的活动，为投资者提供争端解决服务，并执行政府有关改善投资环境、促进外国直接投资的政策。

投资总局（简称：GAFI）

投资总局是负责协调和促进投资及为全球投资者提供协助的主要政府机构。它已从传统监管机构转变为促进投资的机构，发挥着更加积极和有效的作用。它是埃及唯一的投资“一站式服务机构”，旨在简化创办企业的程序、推介不同领域的投资机会、解决投资者的问题，为现有和潜在的投资者提供服务。

投资激励区域

自由区和投资区体制下的投资是两种非常重要的投资形式。这两种体制提供投资激励和投资担保服务，以鼓励投资并提高外国直接投资（FDI）的吸引力。投资区的投资多样化体系，将为投资者提供一揽子便利措施，从而增强经济实力、增加出口，并扩大就业机会。

投资区

根据第2007/19号法律及第2007/1675号总理令设立。

投资区是政府为建立和发展投资项目专门划分的土地区域；内阁颁布法令对各区的建设、定位、具体位置和经济活动的种类和性质都作出了详细规定。

建立投资区的目标

利用投资总局推行“一站式服务机构”体制的经验，推行独特的程序执行管理方式。投资区由包括私营部门或该区主要开发商的监事会管理。监事会将提供启动项目所需的全面的建设和许可办理服务。

建立行业中心（工业、服务业、农业、旅游业）以实现各区的资源整合，附加值的最大化，活跃和发展以劳动密集型为主的中小型企业。

鼓励私营部门（专门的开发商/投资商）投资各区的基础设施项目以更好地发展、促进并管理各区，为各区建设项目提供管理和物流服务。该项举措是按照国家鼓励私营部门促进埃及各行政区尤其是尼罗河上游各区全面发展的政策实施的。

为简化并有效运作各区现有项目提供一系列综合服务，如组建培训团队，为工人提供专业和职业资格培训。

现有投资区

机构	推荐项目	潜在项目和就业机会
通信技术部	IT领域相关项目	50项工程 第一阶段提供7500个工作机会，及其他150000工作机会
北极星国际工业园	纺织业及其补充行业、其他各行业相关项目	140项工程 约20000个工作机会
CPC埃及工业发展	建筑材料、纺织品及食品行业相关项目	48项工程 约10000个工作机会
工业发展集团	自动换料及其他各行业项目	180项工程 约16000个工作机会
金字塔工业园	食品及工程业及其他各行业项目	150个工程 约50000个工作机会
产业群——埃及工业城市和房地产开发	纺织、服装及其补充行业及其他各行业项目	95个工程 约5000个工作机会

为简化投资程序，投资总局已采取下列改革措施：

将开办企业时间从两个月缩短至72个小时。

提供“一站式服务”，将各投资机构和部门集合到投资总局新行政楼。

专设机构调查了解投资者面临的困难和问题，并与相关机构协调以解决问题。

允许根据投资担保与激励法设立的公司参与设立其他公司。

发布投资总局程序指南，介绍开办企业的程序、文件、费用和时间。

发行“阿拉伯投资者卡”（2006年12月起生效），以与内务部协调促进与政府机关的交流。

在投资总局“一站式服务机构”内专设土地分配机构。

重估投资地区分布地图。

准备投资地区推介指南和手册，介绍各投资区域的目标、程序和规程。

与国际金融公司（IFC）签署合同，获得相关活动临时许可证，实现投资总局工程注册的电脑化，建立电子基础系统。

投资机会

丰富的农业资源

埃及有900万费丹的耕地可应用现代技术。这些土地估价约为3000亿利昂。每费丹水果和蔬菜作物的产量居世界前列。根据第5个“五年计划”（2002年至2007年），可再生耕地将提高至110万费丹，其中83.8%由私营部门完成。另外，将完成935，500费丹的基础设施工程，其中436500费丹将由私营部门完成，占总面积的53.3%。

丰富的工业资源

埃及拥有20000家工厂和数千家生产成品的车间，可生产技术含量高的特殊铁、铁板、石化产品、成衣和主要公用设施用组件、网络和站点。如果实现现代化和市场化，工业财富可增长3倍。

丰富的旅游资源

除举世闻名的旅游资源外，还建设了新的旅游景点，以

埃及的工业设施

推动埃及在世界上的旅游地位。来埃及旅游人数达960万人次（2006至2007年统计数字）。

丰富的基础设施和重建能力

这一财富包括燃气和电站、道路、交通和通讯网络。这意味着能进行升级主要的公用设施，包括水坝、桥梁和新的综合城市计划。在海运方面，埃及在地中海红海岸有若干个港口。在地中海，埃及有6个设施良好的海港，可作为欧洲贸易进入东西地中海、中东和非洲的便捷分布点。

苏伊士运河是埃及最重要的国际贸易要道，埃及高度重视运河修复和性能改造项目，从而提高苏伊士运河的国际航海技术。目前，运河设计为62英尺深，可运行总重量达21万吨的船只。在航空运输方面，埃及有17个机场和37个飞行编队。

此外，还有一座连接亚非的大桥横跨苏伊士运河。在通讯方面，有960万个电话线，在开罗和亚历山大有7，169个国际电话交换线路。互联网容量为550脉冲/秒，通讯领域有140家投资公司。埃及发射了两枚卫星（Nilesat 101，Nilesat 102）。有五家地面电台。

丰富的能源资源

石油是埃及经济的支柱。由于国家对这一经济部门实行稳定的政策，因此埃及石油财富企稳增长。据估计，埃及的石油财富达2060亿美元。在过去20年间，原油和冷凝物的储备共增加57亿桶，天然气储备共增加110亿桶。

丰富的人力资源

埃及有丰富的劳动力，据估计有2100万人。国家付出巨大努力促进教育，以培养能领导发展进程、应对国际先进生产和通讯技术的劳动力。更多强调劳动力的实际培训和教育。

投资区特权

投资区体制的主要目的是简化投资程序。在该体制下：

——投资区的许可办理由各投资区理事会负责

——推行项目启动“一站式服务体制”

——享受第1997/8号投资保证和激励法律的保证

——禁止没收，或将项目或机构国有化

——禁止查封、占有、冻结或没收公司或机构

——不允许任何管理部门干预公司或机构定价或限定其利润。

投资区域法未规定实行统一关税体系，因此投资总局提出修正案以保证投资区（开发商及建设项目）免除赋税、关税、销售税及建立投资区及启动各项活动的资产税，尤其是由所有方（开发商）负责不享受国库拨款的基础设施建设。

经济特区

有关经济特区（SEZ）的第2002/83号法令已获得政府通过，该法律旨在建立无官僚式机构的独立经济地区。经济特区的出口者将被授予埃及证书，该证书可适用于国际贸易协议下的经济活动。经济特区里所有经济活动的税率是10%，投资者由此可享受灵活的管理和劳动制度。

各个经济特区通过其独立的机构实施自治，各区董事会被赋予了众多权利。

苏伊士湾西北部经济特区是埃及第一个根据新法建立的经济特区，将成为埃及未来经济特区的发展模式。它靠近安伊一苏贺纳港口，离苏伊士市仅45公里，距苏伊士湾南口不远。

政府已建立了管理苏伊士湾西北经济区的新机构。许多公司已开始生产化肥、钢铁、药品、建材和石油工业品。

自由区

埃及投资部采取了一系列措施以提高自由区服务的效率，下表显示了2007/2008与2008/2009财政年度自由区的各项指标：

项目	2007/2008财政年度	2008/2009财政年度
自由区总面积	1061万m^2	1061万m^2
现有公司项目	1138个	1166个
现有公司的注册资本	69.46亿美元	74.04亿美元
外国在现有公司注册资本的参与份额	119.90亿美元	18.73亿美元
现有公司提供的就业岗位数	23.1万个	21.7万个
年度工资	2.31亿美元	2.19亿美元
经济活动总额	168.21亿美元	118.33亿美元
商品出口总额	121.87亿美元	67.10亿美元
商品出口到国外的总额	59.63亿美元	30.88亿美元
当地市场的进口商品总额	25.32亿美元	8.61亿美元

来源：埃及投资总局

埃及国民银行上海代表处

埃及国民银行成立于1898年6月25日，注册资金为一百万英镑，当时为一家股份制银行。成立伊始，埃及国民银行就有货币发行权和行使政府银行的职责，但它同时也是一家商业银行。

1960年，埃及国民银行国有化，成为一家国有银行。同年，埃及中央银行成立，并将埃及国民银行原先行使的中央银行的职责转接过去。作为埃及最大和最古老的商业银行，埃及国民银行在经济改革中扮演了重要的角色。

在一百多年的历史中，埃及国民银行在向埃及国外贸易提供资金方面，维持着自己的独特地位。埃及国民银行在支持国家进行的经济与社会发展的各个阶段上都开创了先驱的作用。在经济改革浪潮中，埃及国民银行在国际上和阿拉伯世界都保持着良好的地位。

根据2001年7月的银行家杂志，埃及国民银行的总资产排名在全球1000家大银行的第249位，在阿拉伯世界100家最佳银行中排名第十。随着新世纪的到来，埃及国民银行仍然作为埃及金融机构的旗手，在为国家经济服务和延伸性服务中发挥着重要的作用。

埃及国民银行以其100多年来显著的成绩被标准普尔评为投资级，这一评级对埃及来说是属于最高级别的。值得一提的是，埃及国民银行从成立到成为最大的国有银行，均证实了自己的实力。1999年4月，《银行观察》杂志的报告将埃及国民银行的原始贷款评为BB+，而Fitch IBCA对其长期贷款的评级是BBB-。另外，穆迪将其外币存款的评级从Ba3增至Ba2，这是其他任何埃及国有银行所没有过的。埃及国民银行以其效率和显著的业绩获得了国际上有影响力的评级机构的上述评价。

埃及国民银行上海代表处于1999年5月21日在中国工商行政管理局登记注册，并于同年12月17日正式开业。其业务范围包括从事与总行业务相关的咨询、市场调研等非经营性的联络工作，为在埃及或中国的企业提供有关投资项目的信息。

埃及国民银行上海代表处的主要活动如下：

加强埃及国民银行和中国金融机构之间的联系，以期寻找有利于双方的合作机会；

促进埃及和中国两国间的进出口贸易；

帮助中国企业更多地了解埃及市场，以扩大中国商品销路；

通过在埃及或中国举行会议，帮助埃及企业了解在中国的商机；

从中国的科技优势和轻工业优势领域吸取经验来帮助埃及工业；

帮助中国投资者了解埃及所需的工业产品，同时帮助埃及投资者了解中国所需；

向中国投资者宣传埃及的经济特区及其鼓励投资政策；

宣传埃及的经济情况和投资环境，促使中国企业选择埃及作为进入非洲市场的门户；

为中国政府部门如中国贸易促进会和外经贸委提供其所需的有关埃及经济和投资的形势与情况。

有用链接Useful Links：

Cabinet内阁

http://www.cabinet.gov.eg/

Ministry of Defense国防部

http://www.mmc.gov.eg/

Ministry of Culture文化部

http://www.mmc.gov.eg/

Ministry of Finance财政部

http://www.mmc.gov.eg/

Egyptian Tourist Authority埃及旅游局

http://www.egypt.travel/

Ministry of Petroleum石油部

http://www.emp.gov.eg/

Ministry of Electricity and Energy 电力和能源部

http://www.moee.gov.eg/

Ministry of Health 卫生部

http://www.mohp.gov.eg/

Ministry of Agriculture 农业部

http://www.agr-egypt.gov.eg/

Ministry of Higher Education and State for Scientific Research

高等教育和国家科研部

http://www.egy-mhe.gov.eg/

Ministry of Education 教育部

http://www.emoe.org/

Ministry of Foreign Affairs 外交部

http://www.mfa.gov.eg

Ministry of Information 信息部

http://www.moinfo.gov.eg/

Ministry of Economic Development 经济发展部

http://www.mop.gov.eg

Mini stry of Communication and Information Technology 通讯和信息技术部

http://www.mcit.gov.eg/

Ministry of Investment 投资部

http://www.investment.gov.eg/

Ministry of Foreign Trade and Industry 外贸与工业部

http://www.mfti.gov.eg

Ministry of Interior 内政部

http://www.moiegypt.gov.eg/

Ministry of International Cooperation 国际合作部

http://www.mic.gov.eg/

Central Bank of Egypt 埃及中央银行

http://www.cbe.org.eg/

National Bank of Egypt 埃及国家银行

http://www.nbe.com.eg/

Embassy of the Arab Republic of Egypt

阿拉伯埃及共和国驻华大使馆

Chancery：No.2，RiTan Dong Lu

馆址：日坛东路2号

Tel：65321825 65322541

Fax：65325365

Consulate of the Arab Republic of Egypt in Shanghai

阿拉伯埃及共和国驻上海领事馆

地址：淮海中路1375号启华大厦19A，19B

Tel：86-21-64330502

Embassy of A.R. Egypt Press Office（Beijing）

阿拉伯埃及共和国驻华大使馆新闻处（北京）

Jian Guo Men Wai Diplomatic Compound 12-53

地址：北京市建国门外外交公寓12号楼53号

Tel：86-10-65326274

Fax：86-10-65326273

Egyptian Embassy in China Tourism Office

阿拉伯埃及共和国驻华大使馆旅游处

Air China Plaza A 1001 No.36 Xiaoyun Road（Beijing）

地址：北京市霄云路36号国航大厦A1001室

Tel：86-10-84475180/84475181

Fax：86-10-84475182

Egyptian Commercial Bureau in Beijing

阿拉伯埃及共和国驻华大使馆商务处

1-5-71 Jianwai Diplomatic Compound，Beijing，China

地址：北京市建外外交公寓1-5-71

Tel：86-10-65329335/65329336

Fax：86-10-65329337

Egyptian Commercial Office in Shanghai

埃及驻上海商务处

Tel：86-21-64336315

Fax：86-21-64338485

National Bank of Egypt in Shanghai

埃及国民银行上海分行

Tel：86-21-68860064

Fax：86-21-68860864

Egypt Air in Beijing

埃及航空公司北京代表处

Tel：86-10-85275000

http://www.egyptair.com.cn/

第六章　历任总统

首任总统纳吉布

纳吉布全名叫穆罕默德·纳吉布，1901年生于苏丹首都穆土穆一个穆斯林世家，后来回到埃及。1916年，他进入埃及皇家军事学院学习，1920年毕业后在军内任职。1927~1931年，进入福阿德一世大学学习法律，兼学政治经济学，获法学博士学位。1939年毕业于军事参谋学院。1948年任旅长，率领全

纳吉布（左二）与纳塞尔（左一）

旅参加巴勒斯坦战争，获“福阿德一世之星勋章。”1952年初参加“自由军官组织”，被纳赛尔等推选为该组织指导委员会主席。同年七月革命后，出任革命指导委员会主席，9月成立摄政委员会任内阁首相兼武装部队总司令。1953年6月18日，埃及宣布成立共和国，纳吉布被推选为总统兼总理。1954年辞去总理职务。同年11月革命指导员会宣布纳吉布与穆斯林兄弟会颠覆政府阴谋有牵连，被解除总统职务，并遭软禁。1966年7月23日获释。1984年去世。

第二任总统纳赛尔

纳赛尔全名为加麦尔·阿卜杜勒·纳赛尔，1918年1月15日生于素有“地中海新娘”之称的亚历山大城。他的祖父谢赫·胡斯尼原籍为上埃及亚西乌特省贝尔莫尔村，属赛义迪家族。他的父亲叫阿卜杜勒·纳赛尔，为邮局职员，1917年同一个小商人的女儿法希姆·哈玛迪结婚，婚后第二年生下的第一个孩子就是加麦尔·阿卜杜勒·纳赛尔。

纳赛尔的幼年阶段辗转于亚历山大和上埃及农村祖籍之间，然而他更喜欢埃及的农村生活。后来，他一直保持着农民的生活习惯。

在他读小学期间，叔父卡利尔因不满英国殖民主义统治，被投入英国监狱。卡利尔出狱后，向纳赛尔讲述了英国殖民军在埃及犯下的种种罪行，这在纳赛尔幼小的心灵中种下了仇恨英国殖民统治，争取民族解放的种子。后来，纳赛尔在他的名著《革命哲学》一书中曾写下这样一段：“在我童年的时候，每逢我看见一架飞机在天空出现，我就高声喊道，真主啊，万能的真主啊，让英国人遭劫吧！”这种境况促使纳赛尔从青年时候起就早早地参加了政治斗争。

1935年，纳赛尔以中学生联合会主席的身份，领导复兴中学的学生举行反对英国殖民统治的示威游行。一颗子弹擦过纳赛尔的前额，留下一处终生难忘的伤痕。在这期间，他曾多次被捕，并在狱中参加了青年埃及党。

纳赛尔中学毕业后，进入开罗大学法学院学习。在学习过程中，他认识到军队的重要性，认为军队是决定埃及命运的唯一力量。5个月后，他中断了在开罗大学法学院的学习，考入埃及陆军军事学校。

1938年7月，纳赛尔以优异的成绩毕业于埃及陆军军事学校，被授予步兵少尉军衔，遂被分配到谢里夫山下的曼卡巴德军营第五营任排长。在他离开曼卡巴德军营的那一年，萨达特在军营组织了第一个秘密自由军官组织，有7~8个成员。1939年，纳赛尔主动要求参加陆军第三营到苏丹驻防。1940年9月，他晋升为中尉，接着又晋升为上尉。1941年，德军在北非登陆，并侵入苏丹，纳赛尔此时随英军在苏丹对德军作战。

1942年12月，身为营长的纳赛尔率领他的一营人从苏丹返回埃及。回国后，他对软弱无能的法鲁克王朝和倒行逆施的英国殖民统治者越来越感到愤慨，进一步增加了他发动革命的决心，也使他感到组建革命组织的重要性。这时由于萨达特被捕，纳赛尔便集中精力，重点抓“自由军官组织”的建设工作，成为该组织的重要领导者和组织者。在他的组织领导下，该组织不断扩大，秘密小组日益增多，几乎遍及埃及武装部队各单位。1943年2月，纳赛尔到埃及军事学院任教官。1945

年，他对原自由军官组织进行了改组，重新秘密筹建自由军官组织。1948年，他进入开罗陆军参谋学院进修。

1948年5月15日，第一次中东战争爆发，这是阿拉伯与以色列之间爆发的第一场大规模战争。

此时，纳赛尔出任营参谋，同其他几位战友一道参加了这场战争。他参战不久，腹部便受伤。回国治愈后，又立即重返前线。他在战斗中智勇双全，充分展露了自己的才能。1948年10月，纳赛尔指挥的部队在镇守法卢贾时被敌军包围，形势极为严峻。纳赛尔临危不惧，采用防御战与运动战相结合的战术，指挥部队奋勇作战，歼灭敌军有生力量，转危为安，取得了这场战斗的胜利。又有一次，敌军从两处袭击纳赛尔守军阵地，形成夹击之势。纳赛尔沉着机智地指挥部队，经过五小时激战，终于击退了敌人的进攻，摆脱了全军覆没的困境，再次获得胜利。他由此获得了“法卢贾之虎”的光荣称号，同时被晋升为少校。

1949年7月，纳赛尔任埃及军事行政学院教官。同年底，他在开罗主持“自由军官组织”开会，成立由9人组成的革命创建委员会，由他担任委员会主席。1951年11月，纳赛尔出任埃及参谋学院教官。在这段时间里，他领导“自由军官组织”抓紧发动革命的各项准备工作。1952年初，纳赛尔为“自由军官组织”制定了明确的革命目标，即：消灭殖民主义，取消封建制度，根除垄断资本主义剥削，建立社会主义，加强军队建设，建立稳定的民主生活。

1952年7月23日，纳赛尔领导“自由军官组织”举行起义。根据纳赛尔的部署，起义军出动坦克、装甲车，动用大炮和机关枪，一举攻占王朝陆军总司令部，占领广播电台、电话局、电报局、飞机场、火车站等要害部门。清晨7点整，自由军官组织宣布起义成功，法鲁克王朝被推翻，新政权诞生。

纳赛尔虽然成功地领导了埃及1952年7月23日的革命，但他当时采取了韬光养晦的策略。他推举在第一次中东战争中立有战功的旅长纳吉布少将任革命指挥委员会主席，他自己任委员兼武装部队行政秘书。1953年6月18日，埃及共和国成立，纳吉布出任第一任总统兼总理，纳赛尔任副总理兼内政部长。1954年11月，纳吉布被解除总统、总理职务后，由纳赛尔任代总统、代总理。1956年6月，埃及颁布新宪法，通过公民投票，纳赛尔当选为总统并兼任总理。

法鲁克王朝被推翻后，埃及政权实际控制在纳赛尔手中，他是埃及新政权的最高决策者。他执政后对内政策非常明确，首要任务是努力发展民族经济。在经济改革方面实行土地改革，建立合作社所有制；实行企业国有化；建立公正的社会。

在对外关系方面，纳赛尔坚持反对帝国主义侵略立场，奉行积极中立、不结盟政策，并采取了一系列重大的举措。第一大举措是将苏伊士运河收归国有。苏伊士运河是一条著名的国际航道，位于埃及东北部，是亚、非两大洲的分界线。这条运河于1859~1869年凿成，全长173公里。在整整10年的开凿过程中，埃及人民为开挖运河作出了巨大牺牲。运河通航后，从西欧到印度洋之间的航程比绕道非洲好望角缩短了5500~8000公里，成为欧、亚、非三大洲交接地带的要冲。这条运河不仅具有重要的战略地位，也带来了巨额利润。但自1869年运河通航后，帝国主义一直握有运河的所有权，攫取运河带来的大部分利润。纳赛尔执政后，英国仍然控制苏伊士运河公司，并留有8万英国驻军。纳赛尔决心收复运河所有权。

由于纳赛尔采取了强硬立场，英国政府被迫与埃及重开谈判，并于同年10月19日签订英埃“关于苏伊士运河基地的协定”。据此，最后一批英军于1956年6月18日撤离苏伊士运河。同年7月26日，纳赛尔在亚历山大的群众集会上宣布了“共和国总统关于国际苏伊士运河公司国有化的命令”。

英国首相艾登对纳赛尔恨之入骨，并宣称纳赛尔是唯一敌人，扬言要杀死纳赛尔。一方面，英国伙同美国等西方国家对埃及实行经济封锁和制裁，取消对建筑阿斯旺高坝的援助。另一方面，英国与美国、法国和以色列勾结在一起，企图用武力征服埃及，夺回苏伊士运河。1956年10月29日，以色列出动军队4万余人，在美、英、法的飞机、军舰掩护下，对埃及的西奈半岛发动了闪电式侵略战争。10月31日，英、法战斗机开始轰炸埃及，战争全面爆发。

纳赛尔机智勇敢地面对这场战争。他果断地命令埃及军队迅速撤出西奈，免遭全军覆灭的危险。与此同时，他领导埃及军民奋起抵抗。他时而驾车到前线巡视，时而乘坐敞篷车用扩音器向广大军民发出战斗号令，进行战地鼓动。他发誓要把开罗变成另一个斯大林格勒，誓死与军民一起战斗到流尽最后一滴血。

纳赛尔的言行极大地鼓舞了埃及军民的斗志，他们给予侵略者以沉重打击。埃及人民的正义斗争也获得了世界爱好和平的国家和人民的支持。当时北京天安门广场百万人大集会，声援埃及人民的正义斗争。英、法、以三国迫于形势，被迫于1956年11月6日宣布接受停火，同意撤军。纳赛尔再次取得了重大胜利，威震埃及、阿拉伯世界乃至全球。他成为埃及人民所尊崇的领袖，也成为阿拉伯世界广大民族主义者所崇拜的英雄，人们称他为“雄狮”。

被誉为“雄狮”的纳赛尔不停地咆哮。1956年7月，他前往南斯拉夫，与铁托总统及印度尼赫鲁总理举行会晤，共同发起“不结盟运动”，成为“不结盟运动”的创始人之一。纳赛尔被誉为国际政治舞台上的一颗明星。

时代在呼唤纳赛尔，埃及人民在呼唤纳赛尔，阿拉伯民族在呼唤纳赛尔，世界在呼唤纳赛尔。纳赛尔像一头不知疲倦的雄狮在奔波，在拼搏，在不停地咆哮。他肩上的担子太重了。他在《革命哲学》一书中把阿拉伯世界、非洲大陆和伊斯兰世界划为三个圈子，并宣称历史使命确定埃及要领导这三个圈子，而其中最重要和联系最密切的是阿拉伯世界这个圈子。他强调，埃及要在阿拉伯世界和全世界担负光荣的英雄角色。

第二任总统纳塞尔

过度的操劳损害了纳赛尔的健

康，重大的责任和繁忙的国内外事务使纳赛尔疲惫不堪，他的健康状况不断恶化。1960年，他患了糖尿病。但他全然不顾疾病缠身，仍在奋力拼搏。

纳赛尔遇到的第一个挫折是埃及与叙利亚的联合与分裂。1956年第二次中东战争后，叙利亚人民特别是一批军官强烈要求与埃及结成联盟。出于当时的形势和各自的需要，纳赛尔与叙利亚总统达成协议，两国于1958年2月1日宣布合并，成立阿拉伯联合共和国，由纳赛尔任总统。埃及与叙利亚名义上虽然合并，但实际上仍然存在两个政权，各自为政，貌合神离，双方矛盾不断激化。1961年9月，叙利亚陆军发动政变，宣布脱离阿拉伯联合共和国，纳赛尔仍任埃及总统兼任总统委员会主席和国防委员会主席。他对埃及与叙利亚的分裂感到痛心。

20世纪60年代旷日持久的也门内战不仅给也门人民带来惨重损失，也耗费了埃及大量人力、物力和财力。纳赛尔为这场内战花费了大量心血，但却并未达到预期目的。

1962年9月26日，也门自由军官组织发动政变，推翻了也门王室统治，建立了阿拉伯也门共和国。也门自由军官组织就是按照当年纳赛尔领导的自由军官组织建立起来的。政变前，该组织负责人与纳赛尔进行过联系，听取了纳赛尔的意见。该组织宗旨的一项重要内容就是在北也门推行埃及纳赛尔式的改革。1962年9月29日，埃及第一个承认也门共和政权。但被推翻的王室势力不甘心自己的失败，企图复辟。他们在外国支持下，进行反对共和政权的武装骚乱活动，先后占领北部地区一些重镇，新诞生的共和政权有夭折的危险。在共和政权面临危机之际，也门总统萨拉勒元帅在国内组织力量进行抵抗的同时，吁请纳赛尔出兵支援。纳赛尔出于其阿拉伯民族主义立场及其与新生也门共和国的特殊关系，决定派埃及军队进驻也门，支援也门革命和共和政权。1962年10月第一周，埃及派先遣部队4000人抵达也门。同年11月3日，到也门参战的埃及部队已达8000人。后来，在也门的埃及驻军最多达7~9万人，其司令部设在萨那。埃及的驻军并没有根本解决也门的问题。

1967年6月5日，第三次中东战争爆发，埃及在战争中失利，纳赛尔处境困难，决定从也门撤军。

纳赛尔出兵也门的这段痛苦经历对他是一沉重打击，而对他构成致命性打击的，莫过于埃及在第三次中东战争中的惨败。

1967年6月5日晨，以色列对埃及、叙利亚和约旦发动突然袭击，主攻方向为埃及，第三次中东战争爆发。由于这场战争于6月5日爆发，人们通常称之为“六·五战争”。以军的作战战术是突然袭击，各个击破，其首要突破点就是埃及。

在埃及战场上，以色列的作战计划是迅速摧毁埃及空军，占领西奈半岛，打败埃及地面部队，解除对蒂朗海峡的封锁。当时，埃及空军共有430架军用飞机，重点部署在10个机场。以色列空军根据掌握的确切情报，于6月5日上午同时出动，袭击这些埃及机场，一上午就炸毁320架埃及军用飞机。与此同时，以色列空军还袭击了叙利亚和约旦16个空军基地，炸毁了这两国的大批军用飞机。以色列通过这种闪电式的空中袭击，获得了战场上的制空权，使埃及、叙利亚和约旦三国失去了进攻能力。在地面战场上，以色列于6月5日上午兵分三路，重点进攻西奈半岛，迅速突破埃军防线，于8日抵达苏伊士运河东岸。这样，西奈半岛和加沙地带全部被以色列占领。以军在埃及方面获得重大进展后，遂于6月6日上午开始在耶路撒冷东西区分界线发动攻势，与在那一带的约旦守军展开激战。6月7日，以军占领约旦河西岸和耶路撒冷东区。在此基础上，以军又于6月9日兵分三路进攻叙利亚军队镇守的戈兰高地，与叙军之间的阵地战持续了一天，于6月10日占领整个戈兰高地。在仅仅6天的时间里，以色列占领了埃及、叙利亚、约旦、巴勒斯坦的大片土地。这些阿拉伯土地的总面积达6.57万平方公里，50多万阿拉伯人沦为难民，苏伊士运河被迫关闭。

第三次中东战争前后共持续6天，故又被称为“六日战争”。埃及和其他阿拉伯国家在这次战争中遭到惨重失败，整个阿拉伯国家蒙受了奇耻大辱。纳赛尔尤其感到痛心和愧悔。他深感内疚，认为自己对这场战争的失败负有罪责。因此，他主动要求辞去总统职务，并要求人民审判他，甚至绞死他。

在埃及人民和其他阿拉伯国家人民心目中，纳赛尔仍然是一头雄狮，是一头暂时受了伤的雄狮。人们没有忘记他昔日为埃及和整个阿拉伯民族所进行的奋斗及争得的荣誉；人们也赞赏他勇于承认错误和进行自责的勇气和品格；人们仍然对他充满信任和尊敬。成千上万份电报从埃及不同地区和不同阿拉伯国家发向纳赛尔，人们纷纷要求纳赛尔收回辞呈。开罗以及埃及各地数十万人潮水般涌向纳赛尔总统官邸，他们狂呼着纳赛尔的名字，强烈要求他们的领袖继续带领他们前进。静坐的人群在焦急地等啊等啊，整整等了17个小时。最后，纳赛尔终于出现在人们的面前。他表示服从人民的意志，继续留任原职。

纳赛尔经过这场战争的沉重打击，身心都受到严重摧残。他收回辞呈后，经常感到心力交瘁，力不从心。而使他感到最为苦恼的是，长期苦心经营的军队竟一败涂地。

纳赛尔还是一如既往地日夜操劳。一方面，他为自己的国家操劳；另一方面，他为整个阿拉伯事业而操劳。他清楚地知道，中东问题变得越来越复杂，而作为中东问题核心的巴勒斯坦问题也越来越引起人们的关注。

1970年9月初发生了袭击侯赛因国王车队的重大事件。为对付巴解组织，约旦于同年9月16日成立军政府，并于9月17日向驻扎在约旦的巴勒斯坦游击队发动大规模武装进攻。双方激战10多天，均遭到巨大损失。

纳赛尔极为关注约巴这场武装冲突，其他阿拉伯国家也给予同样关心。在8个阿拉伯国家的调解下，双方同意到开罗出席阿拉伯国家紧急首脑会议，该会由纳赛尔主持。这是一次极具难度的会议。会议在开罗进行，战火仍在约旦蔓延，约巴双方激烈的武装冲突直接影响到会议气氛。约旦国王侯赛因与巴解主席阿拉法特的情绪难以平静下来，他们在会上时而唇枪剑战，互相指责；时而拔枪威胁，怒目而视。针对这种情况，纳赛尔绞尽脑汁，运用高超的调解技能和富有幽默感的劝解语言，首先缓和了会议的紧张气氛，继而作出解除与会者及随从人员武装的决定，从而保证了会议的正常进行。会议持续了8天之久，纳赛尔凭着他的多谋善断和夜以继日的工作，使会议取得成果。1970年9月27日，与会者就约、巴冲突问题达成14点协议，侯赛因国王和阿拉法特主席正式签署了停火协议，实现暂时妥协，约巴之间这场严重危机暂时得到缓解。

连续8天的会议把纳赛尔搞得精疲力竭，他耗尽了最后一点精力。会议结束后，他又前往机场为前来与会的元首送行。当送别最后一位国家元首时，他曾对其家属说是“最后一次送别”。这句话成了他临终前的双关语。由于过度劳累，纳赛尔心脏病严重复发，经抢救无效，于1970年9月28日与世长辞，享年52岁零8个月。

纳赛尔的逝世震惊了埃及，震惊了所有阿拉伯国家，也震惊了世界。埃及人和其他阿拉伯人失声痛哭，对天高喊“雄狮死了！”世界各国要员涌向开罗，为纳赛尔送葬。郭沫若作为中国特使前往开罗向这位“反帝反封建的英勇战士”作最后的诀别，参加了他的葬礼。

第三任总统萨达特

萨达特在全世界是一位知名度很高的总统，其全名叫穆罕默德·安瓦尔·萨达特，1918年12月25日出生在埃及尼罗河三角洲曼努菲亚省的迈特阿布库姆村。他小时家境贫寒，学习刻苦，于1936年考入皇家军事学院。他从军校毕业后在通讯部队任职。1939年，他组织了秘密的“自由军官组织”。1942年萨达特被捕后，该组织由加麦尔·纳赛尔负责。1952年7月23日，他们发动政变，推翻了法鲁克王朝，1953年宣布成立埃及共和国，萨达特在新政权中担任要职。纳赛尔任总统期间，萨达特历任民族联盟总书记，国民议会议长，副总统等职。1970年9月28日，纳赛尔病逝，萨达特出任临时总统，接着于同年10月15日正式当选为埃及总统。1975年4月，穆巴拉克被任命为埃及副总统。

萨达特就任总统时，埃及部分领土被以色列占领，中东处于“不战不和”状态。为了收复被占领土，打破“不战不和”局面，萨达特毅然做出果断决定，于1973年10月6日发动举世闻名的第四次中东战争。这场战争使埃及洗雪了1967年第三次中东战争所蒙受的奇耻大辱，打破了以色列自吹自擂的“不可战胜”的神话，也打破了“不战不和”的局面，振奋了埃及人民和阿拉伯人民的精神。萨达特被誉为“战争中的英雄”。

在经历了四次中东战争后，萨达特意识到，军事手段不能解决阿以冲突。从20世纪70年代中叶开始，中东问题逐渐转入和谈阶段，美国和国际社会加大了促进中东和谈的力度，有关方面不断提出解决阿以冲突的各种和谈方案。1977年11月，萨达特在美国的斡旋和支持下提出了中东“和平倡议”，并亲自前往耶路撒冷，与以色列总理会晤，从而打开了埃以直接对话的渠道。1978年9月，萨达特和以色列总理贝京签署了戴维营协议，翌年3月签署了《埃以和平条约》。1980年，埃及与以色列互换大使，埃及以和平方式收回了西奈半岛。因此，萨达特被誉为“和平战士”及“和平使者”，并获“诺贝尔和平奖”。

当时，人们对萨达特和平之举的评价是毁誉参半，褒贬不一。他的这一举动遭到一些埃及人士和阿拉伯国家的非议和反对。萨达特为了显示自己不仅是“和平志士”，而且是“战争中的英雄”，决定在1981年10月6日举行盛大阅兵典礼，庆祝十月战争八周年胜利日。

阅兵典礼选择在开罗纳斯尔广场即胜利广场举行。为了保证安全，有关部门采取了严密的防范措施。阅兵典礼前几天，保安部门就对广场和广场周围多次清理，并加以封闭，对参加阅兵典礼活动的人员进行了审查。10月6日这一天，参加阅兵活动的人员和单位从清晨就开始行动，朝胜利广场方向集中。

这场阅兵典礼规模盛大，接受检阅的人员很多，出席检阅的人员也很多。阅兵台上除萨达特总统和副总统穆罕默德·胡斯尼·穆巴拉克外，还有埃及党、政、军其他领导人。约1000名来宾应邀出席，他们大多是各国驻埃及使节、武官、其他外交官和记者，正在埃及的中国军事专家也应邀登上阅兵台。

萨达特和穆巴拉克出现在检阅台上时，全体起立，热烈鼓掌。萨达特身着崭新的元帅服，脚蹬高筒马靴，胸前佩戴“西奈之星”的绿色绶带，绶带上缀有11颗金星，代表他执政11年。他显得精神焕发，气宇轩昂。事先他的警卫人员曾建议他穿上防弹衣，但被他拒绝。萨达特认为，他作为总统和武装部队最高统帅，并是“战争中的英雄”，应该有男子汉大丈

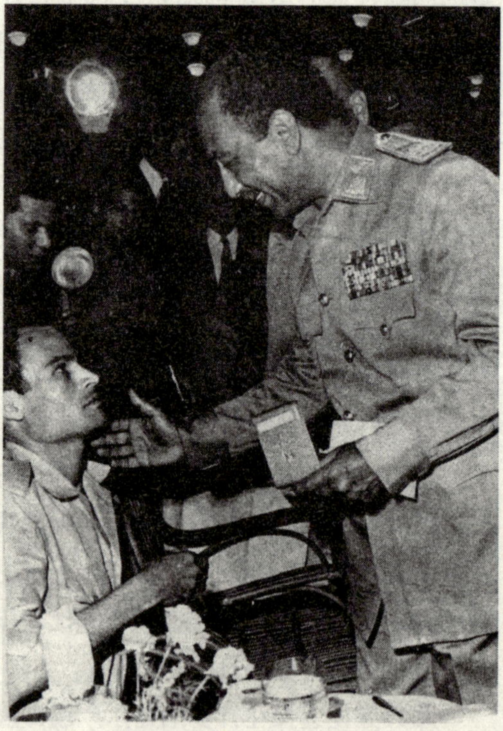

萨达特总统视察埃及部队

夫的英雄气概，而穿防弹衣是怯懦的表现。

上午11时，阅兵典礼正式开始。萨达特正襟危坐在观礼台正中央，他的左右两边分别是副总统穆巴拉克和国防部长加扎勒。这时，萨达特目视受检阅的队伍，不时招手致意。按照预定方案，各军兵种携带着先进武器，全副武装地依次通过广场接受检阅。在阅兵典礼过程中，迫击炮不时发射出小型降落伞，伞兵们“天女散花”，广场上空飘扬着埃及国旗和萨达特的肖像。各种装甲车、坦克从检阅台前隆隆驶过，运载着新式导弹的车队接踵而来。整个阅兵式十分精彩。萨达特兴致勃勃地观看受阅队伍的表演，不时与穆巴拉克副总统及国防部长交谈，有时站起来向受阅部队举手致意。

中午12时40分，阅兵典礼进入最后阶段。这时，新式超音速战机编队飞过阅兵场上空，萨达特用双筒望远镜仰望飞行表演。六架海市蜃楼式喷气战斗机作超低空高速度特技表演。喷气机发出震耳欲聋的尖啸声，阅兵台上许多人忍受不了这种声音，急忙用双手堵住耳朵。喷气机的尾部施放出一缕缕彩色烟雾，甚为壮观。萨达特总统、穆巴拉克副总统和其他观礼的人都被这精彩的飞行表演所吸引，一个个都翘首仰望，赞不绝口。

当人们还在品味迷人的空中表演时，炮兵列队开始通过广场。一辆拖着反坦克炮的卡车突然在离检阅台40码的地方停下来，当时人们以为这辆炮车出了故障，因为此前曾有一辆摩托车和一辆军车发生过故障被拖走。但出人意料的是，一名年轻军官急速从炮车上跳下来，飞快地奔向检阅台萨达特就座的地方。这名军官是个中尉，名叫哈立德·伊斯兰布利。在场的警卫被他的突然行动搞得不知所措，在他们还没有反应过来时，哈立德已经冲上检阅台。萨达特看到了此人的出现，以为他是来向总统致敬的，便从座位上站了起来，准备答礼。刺客哈立德猛然扔出一颗手榴弹，致使检阅台上出现一片混乱。坐在萨达特身旁的穆巴拉克见势不妙，立即卧倒，并呼喊萨达特立即卧倒。萨达特身后的人也用力推他，意在让他迅速躲避，避免一场杀身之祸。在检阅台座位前面确实有一道一米多高的围墙，如果萨达特能迅速卧倒在此处，完全可以逃脱刺客的袭击。但萨达特不以为然，他认为自己是总统，是武装部队最高司令，握有埃及最高决策权，不会是袭击目标，也不应该成为袭击目标。如果他卧倒或躲开，有失身份和地位。他依然站立不动。就在此时，悲剧发生了，检阅台下炮车上另一名刺客对准萨达特开枪。萨达特身边的贴身警卫大声疾呼："总统先生，快趴下！"卫兵迅速掏枪还击，一连向凶手射出六发子弹，但未能将其击毙。哈立德和这名凶手迅急扑向萨达特，连续向他射击，另两名刺客在检阅台两侧进行射击加以掩护，整个过程持续了45秒钟。萨达特的私人秘书法齐·阿卜杜·哈菲兹想用坐椅挡住萨达特的身体，但未能如愿以偿。萨达特多处受伤，鲜血直流，摔倒在地。

枪声过后，萨达特被抬到检阅台后边，直升机立即把他送往马阿迪军事医院。接着，穆巴拉克副总统和萨达特夫人吉汗等也火速乘车驶往医院。萨达特被送往医院后，11名医生组成医疗小组，对他进行紧急抢救。医生们经过检查，发现萨达特的脉搏和心脏已经停止跳动。他们虽继续进行抢救，给萨达特输血，进行人工呼吸，但这一切都无济于事。一个半小时后，医生正式宣布了萨达特死亡的消息。

血染检阅台惨案也殃及到出席观礼活动的外国人。在遇难的八人中，有一名中国军事专家。受伤者共28人，其中有埃及人，也有外国人。在受伤的外交官中，有比利时和古巴大使、澳大利亚大使馆一等秘书等人。

事发当天晚8时左右，副总统穆巴拉克发表电视讲话并正式宣布：“无数人热爱的、我们的领袖、战争与和平的英雄已经逝世。”10月10日，穆巴拉克主持为萨达特举行的国葬。萨达特的墓碑上写着：“穆罕默德·安瓦尔·萨达特总统，战争与和平的英雄。他为和平而生，为他的原则而殉难。”

第四任总统穆巴拉克

穆巴拉克的全名叫穆罕默德·胡斯尼·穆巴拉克，1928年5月4日生于埃及尼罗河三角洲曼努菲亚省卡法勒·米塞利赫村一个普通农民家庭。但此地并非他的祖籍，据考证，在埃及东部布什拉省海滩的一角，有一座当地颇具名望的陵墓，陵墓的主人叫赛义德·穆巴拉克。他就是胡斯尼·穆巴拉克的先祖，此地才是穆巴拉克的祖籍。300多年前，穆巴拉克先祖一家搬到距开罗70多公里的卡法勒·米塞利赫村。

胡斯尼·穆巴拉克的父亲叫赛义德·穆巴拉克。他先在地方法院任职员，后来担任司法部监察员，于1960年退休，同年去世。胡斯尼·穆巴拉克的母亲来自农村，是位家庭主妇。她具有埃及农村妇女所具有的勤劳、质朴、节俭等优良品质，是位贤妻良母。胡斯尼·穆巴拉克有两个兄弟，一个是萨米·穆巴拉克，另一个是伊萨姆·穆巴拉克。他还有一个妹妹，名叫萨米娅，长大后同农业工程师赛义德·阿兹米结婚。

尼罗河三角洲风景秀丽，物产丰富，是埃及的粮仓，也是埃及文物古迹荟萃的地方。我在埃及期间，曾多次到尼罗河三角洲观光游览，被这里的风情和景观所吸引。春季里，尼罗河三角洲的自然景色多姿多彩。我看到路旁的野花娇嫩艳丽，田里的农作物翠绿欲滴，渠中的清水缓缓流动。一阵微风吹来，湿润的泥土香沁人心脾。这真是一首优美的田园诗，也恰似一条五彩缤纷的阿拉伯大地毯，令我心旷神怡。

穆巴拉克稍大一点儿就开始帮助家里干活，到地里摘棉花，种植、收割庄稼，从事一些力所能及的劳动。与此同时，也养成了朴实、善良、勤劳、勇敢、豪放和清正廉洁的品质。他是农民的儿子，扎根于埃及农村，从农民那里学习到许多优良传统和优秀品质。埃及农村的贫困落后状况也在他幼小的心中留下了深深的印象，对他一生有很大影响。

学习刻苦　才华横溢

穆巴拉克小时候，父亲就告诉他，他们是虔诚的穆斯林世家。作为一个穆斯林，就要忠诚地尽伊斯兰义务。他父亲经常给他讲解《古兰经》经文的含义，教他背诵《古兰经》。父亲经常对他说，伊斯兰教就是繁荣、昌盛，这句话深深地铭刻在穆巴拉克的脑海中。他稍稍长大后，便进入阿里·贾法尔的私塾学习伊斯兰教规教义。他六岁时就学会背诵《古兰经》，从小就是一位虔诚的穆斯林。在祈祷时间，他同伙伴们一起到附近的清真寺去做宗教功课。

穆巴拉克不仅学习刻苦，而且聪明悟性强，学习成绩总是名列前茅。他的英文学得很好，经常受到英文老师的称赞。

穆巴拉克就读的军事高中距他的村庄有数公里路程。每天，他早起晚归，步行穿过田间小路，往返于学校与家乡之间。不管刮风下雨，他从不误学。这种日复一日、年复一年的步行对他是一种极好的锻炼和考验。他养成了吃苦耐劳、坚忍不拔、自力更生的品质，这对他的成长大有裨益，也使他有一副好体魄。他酷爱体育运动，尤其酷爱曲棍球。他曾担任学校曲棍球队队长，在比赛中，他带领队员多次获奖，成为学校中有口皆碑的曲棍球明星。

穆巴拉克虽然平时言语不多，但演讲起来表现出色。他曾经是学校演讲协会的骨干。他的声音洪亮，铿锵有力，演讲富有哲理，内容丰富，人们称他是演说家。他为人正直，待人诚恳，助人为乐，别人遇到困难或麻烦时，他经常助以一臂之力。因此，他在同学中享有很高的威信。

穆巴拉克热爱祖国的大好河山和名胜古迹，经常利用节假日与同学好友结伴而行，外出旅游。他的足迹几乎遍及整个埃及。

1947年，穆巴拉克以优异的成绩从军事高中毕业。他读的是军事高中，在上学过程中了解到军队的一些情况，逐渐对军队产生了兴趣。

穆巴拉克如愿以偿地考入军事学院。这是一所培养人才的军事院校，穆巴拉克在这里如饥似渴地学习各种知识，意志坚强地接受各种军事训练。他尊敬上级领导，与同学融洽相处，自觉遵守纪律。他放弃了几乎所有的假期，刻苦学习和操练，取得了优异成绩，获得好评。他在两年内完成了需要三年时间才能完成的学业，比其他学员提前一年毕业。

1949年2月，穆巴拉克以少尉军衔从军事学院毕业，被分配到机械步兵第二旅任职。此时，航空学院宣布从军事学院毕业生中挑选一批新学员。穆巴拉克早就梦想成为一名飞行员，他毅然地报名到航空学院学习。

受到纳赛尔和萨达特赏识

1950年3月，穆巴拉克从航空学院毕业，被分配到西奈半岛阿里什机场工作。他在这里很快就适应了工作环境，表现出色。一天，萨达特作为上级军官到西奈半岛穆巴拉克工作的地方视察工作。萨达特不停地询问，仔细地观察。穆巴拉克的坚毅气质和高超的飞行表演给萨达特留下了深刻印象。萨达特当即掏出日记本，记下了穆巴拉克这位杰出飞行员的名字。他在日记中写下了这样一段文字："我遇见了穆罕默德·胡斯尼·穆巴拉克少尉飞行员，他是一位聪明的年轻人，活跃、爱国。我希望在我要去的所有地方都能看到像他这样的人。"

从1952年到1959年，穆巴拉克一直在航空学院担任飞行教官。他忠于职守，工作认真。他对教学工作一丝不苟，耐心细致地给学员们讲课，与他们共同讨论。

上级领导对穆巴拉克的工作也非常满意，给予高度评价。空军司令马德库尔·伊兹少将对穆巴拉克从1958年7月到1959年7月这一年的工作写下如下评语："作为航空学院的参谋和空军上尉，他出色地完成了任务。他对行政工作很有建树，具有很强的管理才能，尤其能严守纪律。从各方面来说，他都是一名优秀的军官。我认为他非常有前途。"

1959年和1961年，穆巴拉克两次到苏联学习飞行技术，学习驾驶图波列夫式重型轰炸机。1964年，他再度赴苏联，在伏龙芝军事学院学习一年，获得军事参谋文凭。1962年7月至1963年6月底，穆巴拉克在埃及空军工作。空军司令对他这段工作写的评语是："胡斯尼·穆巴拉克是一位工作出色、品德高尚的军官，这预示着他将有光辉的前途。”

1965年7月至1966年6月底，穆巴拉克先后担任埃及空军轰炸机中队长、轰炸机旅长。后来他担任开罗西部空军基地代理司令，并晋升为空军少将。时任空军司令的西德基·马哈茂德中将对穆巴拉克这段工作写的评语是：“他在飞行和管理方面尽了最大的努力，他是一名出色的军官。”

1967年6月5日晨，以色列对埃及、叙利亚和约旦发动突然袭击，主攻方向是埃及，第三次中东战争爆发。由于这场战争于6月5日爆发，人们通常称之为“六·五战争”。以军的作战战术是突然袭击，各个击破，其首要突破点是埃及。

在埃及战场上，以色列的作战计划是迅速摧毁埃及空军，占领西奈半岛，打败埃及地面部队，解除对蒂朗海峡的封锁。当时，埃及空军共有430架军用飞机，重点部署在10个机场。以色列空军根据掌握的确切情报，于6月5日上午同时出动战机，袭击埃及这些机场，一上午就炸毁320架埃及军用飞机。以色列通过这种闪电式的空中袭击，获得了战场上的制空权。在埃及空军遭受重大损失的时候，穆巴拉克在战斗中表现得十分英勇。在极为不利的情况下，他亲自率领轰炸机旅出击应战。他的轰炸机旅不仅给西奈山口的以军沉重打击，也使埃及的一批飞机免遭以军的攻击。

1967年11月穆巴拉克任航空学院院长。从他上任的第一天起，他向自己提出的目标是尽快尽多地培养飞行员，以缓解埃及空军的困难局面。他日夜操劳，想方设法提高工作效率，工作取得显著成绩。在不到一年半时间内，他领导的航空学院就培养出了五批学员，这在埃及航空学院的历史上是史无前例的。他们为埃及空军输送了一批又一批合格的飞行员。

埃及在“六·五战争”中失利，埃军受到重创。纳赛尔决心加强军队建设。为此，他到处视察，实地了解军队情况，选拔人才，充实、提拔到各级领导岗位上。

纳赛尔总统选来选去，最后选中了穆巴拉克。纳赛尔知道，穆巴拉克是位正直的人，不徇私情，秉公办事。穆巴拉克正是他所需要的空军高级将领，穆巴拉克被任命为空军参谋长。

穆巴拉克忘我地工作，经常工作到深夜。他说：“几天、几个月、几年时间过去了，我好像没有感觉一样。我们担负的重大责任使我们失去了时间观念。除了任务之外，我们对外界发生的事好像一无所知。”这就是任空军参谋长时的穆巴拉克。

穆巴拉克任空军参谋长后和萨达特任总统见面的机会越来越多。如果空军司令不在，穆巴拉克都要到机场迎送萨达特总统。萨达特不止一次站在那里与穆巴拉克交谈。有一次，穆巴拉克在阿马扎机场迎接萨达特，两人进行了一段有趣的交谈。萨达特很关心空军部队的情况，就空军建设问题谈了些看法。

1972年5月，穆巴拉克被任命为国防部副部长兼空军司令。这一任命说明，他的品格和业绩有口皆碑，并已获得萨达特总统的充分信任，萨达特需要穆巴拉克这样的军事将领。

这段时间，萨达特正在策划一项洗雪国耻、收复国土的伟大计划。他准备主动出击，打一场扭转局面、摆脱困境的新的中东战争。

穆巴拉克为这场战争制定了周密的作战计划，这个计划的核心内容是：充分准备，兵不厌诈，出奇制胜。他清楚地了解到，以色列拥有世界上一流的军事装备和情报系统。为此，穆巴拉克采用各种手段迷惑以色列，打乱以色列空军的监督和侦察，使以色列指挥部错误地认为，只要埃及上午不发动进攻，下午就不会有战事发生。

为了进一步迷惑以色列，穆巴拉克又制定了一个代号为“利比亚使命”的行动计划。1973年10月5日下午4时，穆巴拉克在空军司令部办公室打电话给空军五名高级军官，向他们发出紧急指示，要他们在两小时之内抓紧准备好所需材料，陪同他一道去利比亚执行一项紧急公务。他还指示开罗地区的空军基地司令为他准备一架专机飞往利比亚，规定这架飞机于当天下午六时起飞，第二天清晨返回。与此同时，他还故意放风说，他的办公室已同埃及驻利比亚的黎波里对外关系办事处进行了联系，通知其有关穆巴拉克一行抵达的时间。但他并没有按时起飞，而是有意识地将起飞时间一再推迟。穆巴拉克故意打电话给专机机长，通知他起飞时间推迟两小时。他第二次又将起飞时间推迟到10月6日凌晨6点。他又没按这个时间起飞。10月6日上午，他又指示将起飞时间推迟到当日下午两点。穆巴拉克让秘书把这一变动通知了所有内定去利比亚的高级军官，以便让他们提前到机场等候。当时与穆巴拉克在一起的军官也不知道这些情况。穆巴拉克这样做的目的是故意制造假相，迷惑以色列，因为他知道，以色列的耳目是很多的。与此同时，穆巴拉克又秘密地下达命令，通知空军所有参战单位做好战斗准备，等待命令，随时起飞。

1973年10月6日凌晨，当家人还在熟睡的时候，穆巴拉克就悄悄走进厨房，煮好茶，随便吃了点儿早点。上午8时半，他到达办公室，比平时上班时间稍晚了一点儿。上午9时，空军参谋长到他办公室，向他汇报了战机的情况，并肯定地表示，一切准备工作都已完成。参谋长故意问他还去不去利比亚，穆巴拉克用手势表示不要再说了，因为还有别人在场。参谋长心领神会，便立即离开，执行命令去了。上午10点半，穆巴拉克到作战室，同作战室主任等人待在一起，一直呆到下午1点。中间，他要了杯咖啡。他命令所有人员坚守岗位，整装待发。开战时间一分一分地逼近，作战室的气氛十分紧张。就在10月6日上午10时，以色列发布紧急动员令，原来，以色列情报机构于10月6日凌晨4时才得到阿拉伯国家在6日日落之前向以军发动进攻的情报，以色列内阁召开紧急会议，匆忙采取应对措施，但时间太紧迫了。

杰出英雄创造奇迹

1973年10月6日下午2时，埃及和叙利亚同时向以色列发起进攻，第四次中东战争打响。这一年的10月6日既是伊斯兰教的斋戒节，又是犹太教的赎罪日，所以又被称为“斋月战争”或“赎罪日战争”。这是埃及于10月3日征得叙利亚同意后选定的日期。两国确定，以优势兵力主动出击，先发制人。约旦、伊拉克、沙特阿拉伯、利比亚、科威特、阿尔及利亚、摩洛哥等阿拉伯国家和巴解组织均大力支持。萨达特说，发动“十月战争”是百分之百的埃及的决定，事先并未征询任何大国的意见。

为能在10月6日下午2时准时打响这场战争，穆巴拉克命令分布在阿斯旺、曼苏拉、开罗西部和尼罗河三角洲中部30个机场的240架战斗机起飞投入战斗。当日下午1点20分飞机开始起飞，1点45分最后一架飞机飞过运河。一批批战斗机越过运河时都是超低空飞行，按作战方案中规定的时间和地点投入战斗，袭击以色列目标。第一次进攻有三个主要目标：（一）乌姆·马尔贾姆地区，此处是以色列在西奈半岛的军用机场和导弹基地控制中心。埃及战斗机准确无误地击中目标，将该中心彻底摧毁，尤其是该处的通讯系统被摧毁后不能再指挥飞机飞行和导弹运作。该中心只好转移到阿里什去。（二）乌姆·哈希布地区，此处是雷达干扰中心。这里拥有以色列最先进的电子仪器，对埃及空军的行动造成影响和干扰，对埃及空军在作战期间的通讯联系尤其对指挥战斗机迎击入侵目标时的通讯联络构成严重威胁。在埃及空军第一次进攻中，以色列的这一干扰中心被完全摧毁。（三）西奈半岛腹地三个主要机场。以色列在西奈半岛主要依靠这三个军用机场向埃及进行空袭活动。战斗打响后，埃及空军向这三个军用机场进行了猛烈轰击，仅在马利兹机场一处就投下了60吨炸弹。这三个机场被彻底摧毁，以色列在这里的飞毛腿导弹基地也被摧毁，从而有效地保护了埃及飞机安全飞行，也保护了埃及地面部队渡过运河作战。

埃及空军发动的第一次进攻战果辉煌，比战前估计的结果要好得多。这次进攻击中了所有预定的目标，其中包括以军司令部、作战指挥部、军事机场、雷达干扰中心、导弹发射台和导弹营地等设施，重创以色列在西奈半岛的军事通讯系统。在这场战斗中，埃及空军表现突出，没有一架飞机出现故障，没有一架飞机晚点起飞。飞机添加燃料的规定时间是14分钟，但在作战期间只用了6分钟，比以色列飞机用8分钟加油的最快速度还快两分钟。与此同时，埃及空军的地勤服务、维修人员也表现出色，有力地提供了保证供给、弹药补充等方面的服务，保证了战斗的顺利进行。

第一次进攻大获全胜的消息传开，埃及全军充满一片欢乐。空军作战室所有的人员欢腾雀跃，高兴得互相热烈拥抱，一个个激动地流下了泪水。穆巴拉克向时任国防部长和军队总司令的艾哈迈德·伊斯梅尔元帅报告了战果。这位元帅显得有些喜出望外，一再反问穆巴拉克："你肯定吗？你敢肯定吗？！"穆巴拉克做了肯定的回答。

10月6日下午2点零1分，萨达特总统收到第一份战报。他立即通知从塞得港到苏伊士175公里长的所有前线部队，空军已飞过苏伊士运河。240架飞机像洪水猛兽一般成批地低空飞行在运河上空，构成了掩护渡河的天然屏障。第一次空袭后，紧接着便是毁灭性的排炮轰击。有报道说，这是第二次世界大战后最猛烈的一次炮击。隐蔽在运河西岸沙丘后面的约2000门大炮同时向东岸射击，炮弹铺天盖地飞往以色列阵地，燃起一片火海，形成巨大的威力。这一天正值犹太教的赎罪日，按照犹太教的教规，犹太教徒在这一天从日出到日落不得进食，不得饮水，也不能吸烟。驻守在西奈半岛以军防线上的许多士兵有的在做祈祷，有的在洗澡或洗衣服，有的无精打采地闭目养神。他们都在等待夜幕降临以便饱餐一顿。埃及发动空袭和炮击后，以色列士兵匆匆奔向阵地，口中喃喃地念着经文，抱怨埃及军队在赎罪日折腾他们。他们以为这仅是一次局部事件，没想到这竟是轰动全球的第四次中东战争。

炮击之后，就是陆军突破运河天堑的浴血奋战，这道天堑指的就是巴列夫防线。以色列企图长期霸占这片面积约达6万平方公里的土地，不惜工本耗资3亿美元，花了3年时间修成这道防线。巴列夫防线全长170公里，纵深10公里，内分上、中、下3层，厚10余米。防线以运河为天然堑壕。整条防线有三大屏障。第一大屏障是以军沿河岸镶砌的水泥墙，墙顶露出水面，墙脚深深埋入河床。第二大屏障是庞大的沙丘。以军在运河东岸用推土机聚沙成垒，在其认为可能成为渡河点的地方堆起沙垒高达60英尺，而且上下一般宽。沙垒面向埃及军队驻扎的运河西岸，与陡峭的水泥墙连成一片。第三大屏障便是巴列夫防线本身，上面布设了密密匝匝的蛇腹形铁丝网和地雷，下面埋设了许多通向运河的凝固汽油管道。一旦情况紧急，只要一按发火设备的电钮，汽油即被点燃，向河面喷射，形成一片火海，燃烧时间长达30分钟，形成一道火障。以军在沿线修建了30个据点，构筑了防坦克墙和钢筋混凝土碉堡，火力互相交叉，严密控制着运河和重要通道。以军在防线前沿布有3000驻军，备有足够三到四个月的军火、食品等物资，在主阵地后面还配备有预备队和支援火炮。以色列称其为“坚不可摧”、“不可逾越”的防线。时任以色列国防部长的达扬称，如果埃及军队胆敢渡河发动攻击，都将在24小时内被消灭。

埃军为渡河作战制定了周密计划，并对执行作战任务的部队进行了严格训练。10月6日下午2时，伴随着埃及空军的空袭爆炸声，埋伏在运河东岸的埃军侦察兵引爆两包炸药，炸开两个缺口。随着埃军大炮的猛烈轰击，埃军先头部队8000人奉命进发。他们在海、空军的支援下，分乘成千艘小型橡皮攻击艇和两栖战车，从运河北部的坎塔腊、中部的伊斯梅利亚、南部的大苦湖等处出击。他们遇到了以色列守军的顽强抵抗，但他们毫不畏惧，冒着枪林弹雨，在弥漫的硝烟中抢渡运河。

埃军先头部队登上运河东岸后，首先占领已被炸药包炸开的缺口。10月6日夜幕降临时，埃军5个完整的装甲师沿着170公里的运河河道成功地越过运河，抵达苏伊士运河东岸。在不到10个小时的时间里，埃军在运河东岸打开了60个可容坦克通过的缺口，架设了10座浮桥和50个门桥渡场。就这样，配备有坦克、装甲车、火炮和地对空导弹等重型装备的8万名埃及官兵源源不断地通往运河东岸。在18个小时内，埃军已有9万官兵、850辆坦克和11000部各种车辆渡过运河，到达东岸。

埃军抢渡运河的胜利摧毁了以色列吹嘘的“不可逾越”的巴列夫防线，打破了以色列“不可战胜”的神话。埃及的旗帜又一次飘扬在运河东岸。

在埃军取得的胜利中，穆巴拉克领导的空军功不可没。在空军第一次发动空袭时，成功率相当高。当他向萨达特汇报取得了出色战绩时，萨达特问他敢不敢肯定。穆巴拉克当时虽然做了肯定的回答，但在汇报成功率时有意留有余地。他对萨达特说，成功率达80%，实际上，那次空袭的成功率高达95%。按战前的估计，埃及空军在此次空袭中至少要损失40~50架战斗机，但结果只损失了6架飞机，以很小的代价取得了巨大的胜利。

“十月战争”一开始，穆巴拉克指挥的空军出其不意取得胜利，重创以军，立下赫赫战功。埃及空军发挥了出色的战斗力，穆巴拉克显示了杰出的组织才能和指挥才能。萨达特奖罚分明，在战争第一天，穆巴拉克被晋升为空军中将。穆巴拉克意识到，这是萨达特给他的奖励，是他的荣誉。与此同时，他也意识到，萨达特对他寄予更大的期望，他肩上的担子更重了。为了配合埃及陆军地面作战，穆巴拉克派了数十支伞兵部队和特种部队乘直升机在以军后方着陆，破坏以军的交通通讯设施、油田设施，攻占以军盘踞的据点，并对沙姆沙伊赫发动了一次袭击，对以军构成有力打击。

10月7日，以色列空军组织反扑，一次出动70架飞机闯入埃及腹地，企图袭击尼罗河三角洲北部埃及的军用机场，集中袭击5个主要机场。穆巴拉克指挥埃及空军进行阻击，双方展开激烈交战，以色列空军的企图没有得逞。有时候，以色列战机从杜米亚特方向顺北部沿海闯入，埃及空军就启动70架战机从各机场起飞迎敌。尼罗河三角洲北部成为空战的主要战场，有时双方交战长达50分钟之久。埃及空军有时出动100架飞机一同作战，开始作战时一天出动700~800架次，最多时每天出动3000架次，几乎所有的战机甚至教练机都用上了。

穆巴拉克说，埃及空军变成了神话。在尼罗河三角洲上空一次长达40分钟的激战中，埃及空军击落了以色列18架战机。在尼罗河三角洲北部的空战中，埃及空军击落83架以色列飞机。与此同时，埃及空军有效地掩护了埃及陆军的地面战斗，并在坦克战中发挥了作用。在“十月战争”中，埃及空军共摧毁420辆以色列坦克和装甲车。这样，埃及空军以自己的战绩打破了以色列空军的神话。

出任副总统和总统

在第四次中东战争中，穆巴拉克战功显赫，被授予埃及共和国勋章，并荣获“杰出英雄”称号。萨达特总统在回忆录《我的一生——对个性的探讨》中及其他场合都谈到这场战争。萨达特说，空军进行的这次战斗收复了1956年和1967年两次战争中埃及失去的一切东西，永远结束了以色列不可战胜的神话。指挥这次战斗的空军司令就是胡斯尼·穆巴拉克，是他策划和执行了这次战斗计划。萨达特称赞穆巴拉克在这场战争中创造了奇迹。

第四次中东战争中，穆巴拉克名声大振，成为埃及政治舞台上一颗上升的明星。

“十月战争”后，埃及面临战后重建问题。萨达特肩上的担子十分沉重。为能有充沛的精力应对这复杂的局面，解决繁多的问题，萨达特非常注意锻炼身体。他原来坚持跑步，后来听医生劝告改为步行，每天坚持步行4公里。但由于他面临的国内外挑战层出不穷，诸事纷繁，他感到心力交瘁，越来越显出操劳过度的神态。他感到他的助手不得力，他需要一位令他满意的副总统辅佐朝政。

萨达特反复考虑，认真挑选，最后选中了穆巴拉克。他决定召见穆巴拉克。萨达特对穆巴拉克说:“胡斯尼，我已选中你为我的副总统。”穆巴拉克听到此话后，一时说不出话来，他不知此刻该说什么好，也不知道他脸上呈现出什么样的表情，只感到这是一项料想不到的决定。萨达特谈完后，起身下楼，穆巴拉克跟随其后。在穆巴拉克上车前同总统握手时，萨达特问他:“你打算由谁接替你在空军的职务？”穆巴拉克故意反问:“您的意思是否在一两年后？”萨达特斩钉截铁地说:“什么一年、两年，本周之内就颁布任命你的决定。”

1975年4月，萨达特颁布总统决定，任命穆巴拉克为副总统。他在解释这一决定时说:“我挑选他为我的副手，因为他是飞行员，是空军司令，是‘十月战争’的指挥者之一。这些我都考虑到了。但我挑选他为共和国副总统并非基于这些考虑，而是因为他是我们祖国人民灵魂的代表，是具有埃及战士本色、能力和经验的战士。在他一生中，他曾多次面对死亡，而且闯进过死亡之中，以保护我们的生命。简而言之，他代表了‘十月战争’的一代。我希望他走上国家最高领导岗位，以便使这代人代表和体现十月六日战争之精神。正是这一天，我们的武装部队以人民和民族的名义越过了一切障碍和不可逾越的城墙。”在任命穆巴拉克为副总统之后，萨达特多次在他的顾问和国家领导人面前谈到穆巴拉克。萨达特说，穆巴拉克一个人胜于几百万人，这说明他对他新上任的副手充满信任，并寄予了很大希望。

就这样，一个农民的儿子、一个空军飞行员进入了政坛上层，成为埃及全国第二号人物。从此，他进入埃及最高决策层，挑起更重的担子，应对各种考验和复杂局面。

穆巴拉克被任命为副总统后，萨达特对他说：“无论大事小事，我都将依靠你，因为你是我的副手，代表我料理国家事务。”萨达特清楚地了解穆巴拉克的人品和能力，因而授予他远远超过宪法所规定的共和国副总统的权限。穆巴拉克说：“在任副总统的那几年中，我学到了许多东西。懂得了如果不当副总统就无法懂得的东西。我懂得的东西越多，就越加努力工作，加倍努力完成好我所承担的巨大责任。”

穆巴拉克知道自己的责任重大，任职之初缺乏这方面的经验，也遇到一些困难。他说：“从1975年开始，我放弃了军人生活，像政治家那样从事政治工作。当然，一开始我非常小心谨慎，奉行的是小心、等待的原则。对我周围发生的一切进行观察，以便从中获得足够的经验，然后再向前迈进。”

穆巴拉克担任副总统期间，工作认真负责，忠于职守，处事谨慎，从不多言。萨达特总统接见国内外著名人物时，有时要穆巴拉克作陪。在这种场合，穆巴拉克总是认真听，有时做

穆巴拉克发表演说

一些记录，但很少讲话。当萨达特接见美国国务卿基辛格时，穆巴拉克陪见，但他几乎没说一句话。基辛格原以为他是个工作人员，后来才知道此人原来是大名鼎鼎的穆巴拉克副总统。

穆巴拉克作为副总统，不仅为国内事务不停地操劳，而且承担大量的外事活动。他忙于外事，崭露头角，一方面体现了埃及的国际地位，另一方面也体现了穆巴拉克在外交方面的水平和才能。

穆巴拉克出访非常频繁。在任副总统期间，他共出访28次，访问了70个国家。穆巴拉克与世界上许多国家元首和领导人建立了密切的私人关系，其中有：卡特、里根、德斯坦、密特朗、毛泽东、铁托、巴列维、齐奥塞斯库等。他与许多非洲国家领导人和所有阿拉伯国家元首们频繁接触。

1981年10月萨达特总统遇刺身亡后，穆巴拉克成为埃及第四任总统。在近30年的执政期间，埃及政局总体保持稳定。

有人说，假如穆巴拉克在20世纪80年代或90年代之初离开总统席位，他就是一位英雄领袖，或是一位完美的英雄人物。从21世纪开始，穆巴拉克的执政地位逐渐走下坡路，国内的社会问题逐渐突出，贫富悬殊拉大，物价上涨，失业率居高不下，社会不公，腐败现象严重，导致社会矛盾激化。穆巴拉克执政时间太长引起人们不满。2011年1月25日，从突尼斯开始的中东政治动荡之风吹到埃及，开罗等地爆发大规模示威游行，要求穆巴拉克下台。面对危局，穆巴拉克采取了一系列措施，力图挽救时局，平息事态，但无济于事。2011年2月11日，穆巴拉克辞去总统职务。

他下台后被安排住进沙姆沙伊赫一座戒备森严的城堡里。有消息说，他的身体状况已经恶化，还有消息说，反对派要求追究他及家人的贪污问题，但他矢口否认对他及家人的指控。

穆巴拉克是虔诚的穆斯林，恪守伊斯兰教的信仰。他信真主，信前世和后世，他将顺从真主对他的最后命运做出安排。

第七章　中埃关系

中国和埃及都是举世瞩目的文明古国，都有悠久历史和灿烂文化，都对人类文明做出过不可磨灭的贡献。两国关系源远流长，经过了几千年的沉淀。在漫长的历史岁月中，两国有着相似的经历。1956年两国建交后，两国关系揭开了历史新篇章。1999年，两国建立面向21世纪的战略合作关系，双边关系的发展进入了一个崭新的阶段。

源远流长的中埃关系

据史料记载，中国与埃及的联系可追溯到2000多年前，而最早与中国进行交往的埃及海滨地域是亚历山大。据记载，亚历山大是中国史籍上最早出现的一个非洲地名。在中国古书上，亚历山大被称为“黎轩”、“黎鞬”、“乌迟散”、“阿荔散”、“遏根陀国”等。这些名字均为亚历山大的同名异译。公元前332年，希腊马其顿国王亚历山大兴建了该城，并以亚历山大命名。此前该城另有别名，因此，在史记《大宛列传》中，有公元前120年汉武帝派使臣到黎轩的记载。据记载，埃及托勒密王朝末代女王叫克娄巴特拉（公元前69年~前30年），她原籍希腊，有埃及艳后之称。据传她喜欢中国丝绸，也曾穿过中国丝绸。到底是中国丝绸先运到亚历山大还是先运到希腊然后转运到亚历山大，无从考证，但艳后穿丝绸之说却广为流传。

史记中所说的大宛是今天乌兹别克斯坦的费尔干纳盆地一带。到公元3世纪中叶，鱼豢所著《魏略》一书中提到了从安息西界到亚历山大的水陆两条路线。他在书中写到的安息就是现在位于土库曼斯坦南部和伊朗境内的地段。他介绍说，从安息西界的安谷南行，由红海北上，在乌丹（即乌姆克达夫湾的贝仑尼塞）登陆，然后沿尼罗河而下直达亚历山大，即为水路。从安谷由陆路北上，先到达地中海东部的安提阿克（即今土耳其南部的安塔基亚），再经水路抵达亚历山大，这段水路当时需要六天时间。这说明，在那个历史时期，中国与埃及就有来往，并有史料记载。

公元前30年，古罗马帝国入侵埃及，统治长达600多年。这个时期正是中国通西域开创丝绸之路的历史阶段，当时中国把古罗马帝国称为大秦。《魏略》一书在记述大秦时写道："其国在海西，故俗谓之海西。有河出其国，西又有大海。海西有迟散城……复直南行经之乌迟散城，渡一河，乘船一日乃过。"书中所说的海就是地中海，所说的河就是尼罗河，所说的迟散城和乌迟散城就是亚历山大城。当时的亚历山大是中国与古罗马帝国通商的中转站。中国的商品多由海上丝绸之路运到红海南口的亚丁，到埃及后再由尼罗河运到亚历山大，然后再转运到罗马帝国都城。到公元4世纪北魏时期，中国人把西域地区划为四个区域，其中第四域就是东、西罗马帝国，亚历山大就在其中。在这个时期，中国与埃及的交往有了进一步的发展。《马可波罗游记》对这段历史也有类似记述。

在埃及史书中，最早记载中国的是《地理志》一书，该书的作者是在亚历山大从事研究工作的希腊天文、地理学家托勒密，成书约于公元150年。他在书中称中国为秦尼国。另据记载，公元1世纪末，一位居住于埃及的希腊人著有《厄立特里亚海航行记》一书，他在书中把中国称为秦尼城。公元547年，在亚历山大出生的希腊富商科斯马斯出版了一本名为《基督教各国风土记》的书，书中有的地方称中国为秦尼策，有的地方则称秦尼斯塔国。

公元618年建立的唐朝是中国历史上一个重要的封建王朝。随着唐朝国内政局的稳定和经济的繁荣，对外关系也开拓了一个新时代。唐代学者杜环亲历埃及其境并留有记录。公元751年，唐玄宗派兵西征位于现在塔什干一带的石国，石国在阿拉伯帝国阿巴斯王朝军队支援下大败唐军，随军的杜环被俘。此后，他在阿拉伯国家周游了11年，其间到过埃及、苏丹、摩洛哥等地，于762年搭商船返回广州。他把在埃及等地的亲身经历和所见所闻写入《经行记》中。他在书中写到埃及医学已很发达，赞誉道："善医眼及痢，或未病先见，或开脑出虫。"在中国史书中，以自己的亲历详细记载埃及的，杜环是第一人。在中国史书和阿拉伯史书中，都有双方交往的记载。公元7世纪，一些埃及人到中国经商和传播伊斯兰教，有些人在中国定居下来。

中埃两国在科技、文化、医学、手工艺等方面交流活动日益频繁。据记载，中国古代的四大发明都是先传到埃及，然后再传到欧洲。公元7世纪，中国的养蚕技术传到埃及。公元9世纪之前，中国的瓷器传入埃及。后人在开罗南郊福斯塔特遗址发掘出两万多件中国瓷片就说明了这一点。这些瓷片中既有唐、宋、元时期的青瓷和白瓷，也有明、清时代的花瓷和彩瓷。在阿拉伯语中，"随尼"意为瓷器，而埃及人就称中国为“随尼”。公元10世纪，埃及手工艺者开始仿造中国瓷器。据记载，中国的火药约在13世纪传入埃及。与此同时，也有很多埃及商品先后传入中国。在新疆五河流域出土的古代雕塑中，就有公元1世纪前后带有亚历山大里亚徽记的赫波克拉特青铜像。从公元2世纪开始，埃及玻璃制品陆续传入中国。亚历山大的杂技团到洛阳等地演出。埃及的香料等商品也不断传入中国。

在中国史书中，最早提及埃及国名的是唐朝的段成式（卒于863年），他在《酉阳杂俎》中称埃及为“勿斯离”。在阿拉伯语中，埃及音译为“米斯尔”。根据埃及新闻部解释，“米斯尔”意为“有边界的国家，富有资源的国家，开化的国家”。段成式书中称埃及为“勿斯离”与“米斯尔”非常相近。1177年，宋朝周去非在《岭外代答》一书中也称埃及为“勿斯离”。

在此后的岁月中，中埃交流不断增多。19世纪60年代，清朝张德彝途经埃及，对金字塔做了详细描绘。清朝改良派人物康有为在戊戌变法失败后被迫流亡国外。他于1908年和1909年两次到埃及，饱览了埃及的名胜古迹，并留下不少优美的诗篇。他参观了开罗博物馆，大有感慨，认为欧洲文明源自埃及。

周恩来与埃及

周恩来作为一代伟人，一生建树颇丰。他是当代中国和世界最有影响的外交家，其外交思想光彩照人，不朽功绩永垂青史。他为开拓新中国对中东的工作做出了卓越贡献，其业绩对

埃及面孔

推动中国与中东国家关系的发展产生了重大而深远的影响。

新中国成立时，中东地区大多数国家尚未独立或刚独立不久，受美欧等西方国家的影响很大，对新中国缺乏了解。当时，该地区没有任何一个国家与新中国建立外交关系。除叙利亚、也门、苏丹和以色列同台湾当局没有外交关系外，其他国家多与台湾国民党集团有外交关系。撒哈拉以南的非洲国家正在开展民族解放运动，也没有一个国家同中华人民共和国建立外交关系。

周恩来总理作为大战略家和大外交家，从新中国一诞生起就把目光投向了中东地区。他在对国际形势和中东形势进行了深入研究和精辟分析后，决定采取积极稳妥地同该地区国家建立联系进而建交的方针。一方面，对某些国家的处境表示充分体谅；另一方面，多做工作，增进往来，加深相互了解。对于建交问题，在坚持我国建交原则的前提下，先发展经贸文化关系，耐心等待时机成熟，待水到渠成时再建交。

埃及是第一个与中华人民共和国建立外交关系的中东、非洲国家，但这其中也有个等待、做工作的过程。新中国成立前，埃及与台湾当局已经存在“外交关系”。1952年7月23日，以纳赛尔为首的“自由军官组织”推翻法鲁克封建王朝。1953年4月，埃及委派商人昆地访华，商谈双边贸易问题，提出向中国出口棉花。当时中国并不需要进口棉花，但周总理决定，购买埃及棉花，意在对埃及做工作。

1953年6月18日，埃及共和国成立。埃及首任总统兼总理纳吉布透露，埃及政府曾做出承认中华人民共和国的决定。但在美国的压力下，埃及没有采取行动与中国建交，而采取了犹豫观望的态度。中国政府根据周总理一贯强调的原则，因势利导，稳步推进，时机成熟时绝不放过，时机不成熟时耐心等待，继续做工作。1954年，埃及通过第三国向中国试探，可否在其同台湾保持外交关系的情况下向中国派出总领事。同年12月17日，周总理表示，不能接受埃及提出的这种等于承认“两个中国”的方案，提出可以考虑埃及派贸易代表以半官方身份常驻北京。

1955年4月，在亚非会议前夕和会议期间，周总理与埃及总统纳赛尔相继在缅甸仰光和印尼万隆举行会晤，就两国关系和建交问题深入交换了意见。双方达成从两国贸易开始、互派商务机构、逐步使关系正常化的原则协议。在同台湾断交问题上，埃及希望中国谅解她尚存在困难。在这种情况下，中国积极做工作，与会的代表团成员、外贸部长叶季壮同与会的埃及工商部长穆罕默德·阿布·努赛尔就开展两国贸易问题进行了具体商谈。与此同时，中国继续耐心等待建交时机。

纳赛尔总统说，万隆会议为加强埃及和中华人民共和国之间的关系奠定了基础。1955年5月，埃及派宗教基金部长巴库里访华。他是正式访华的第一位埃及部长，中方给予热情友好接待。周恩来总理在接见他时强调指出，中国政府支持埃及和其他阿拉伯国家反对以色列侵略扩张的正义斗争。双方表达了反帝、反殖、维护民族独立和国家主权的共同立场。双方强调两国加强合作尤其是在经贸、文化领域的合作。埃方向周总理提出，埃方急需从中国购买武器以加强防御能力。周总理在分析了当时的国际形势和中埃两国的处境后提出，如果当时中国向埃及提供武器，对双方都不利。巴库里部长表示赞同。外贸部长叶季壮与巴库里部长举行了会谈，并就两国经贸合作事宜达成具体协议。双方还签订了《中埃文化合作会谈纪要》。

1955年8月，埃及工商部长努赛尔访华，与中方签订了贸易协定及议定书，明确规定双方互设官方商务代表处。双方换文确认，商代处有权悬挂本国国旗、国徽，正、副代表人身不可侵犯，公文、档案不受侵犯，有权使用密码。商代处实际上享有高于领事待遇的外交特权。在台湾设有驻埃及“大使馆”的情况下，中国政府同意在开罗建此商代处，以贸易先行，作为建立正式外交关系的第一步。这是新中国外交的一个创举，凝聚着周总理的智慧和心血，意义重大。

1955年12月24日，中国政府驻埃及商代处正副代表李应吉、张越赴开罗，带去周总理致纳赛尔的信。1956年1月，中国驻埃及商代处正式成立。同年2月，埃及驻华商代处代表米德哈特·法尔抵京建立了商代处。1956年2月，全国政协副主席兼中国伊斯兰协会主席鲍尔汗率中国文化艺术团访问埃及，受到热烈欢迎。同年3月，中国外贸部长叶季壮应邀访埃，会见了纳赛尔总统并转交了周总理的信件。访问期间，中国在开罗举办了大规模商品展览会。

中埃建交的时机已经成熟。1956年5月16日，埃及驻华商务代表法尔拜会周恩来总理并随后送交正式照会，埃及工商部长努赛尔和总理办公室主任萨布里也约见中国驻埃商务代表李应吉，正式通知，埃及共和国政府决定撤回对台湾当局的承认，同时承认中华人民共和国并愿建立外交关系和互换外交使节。同年5月18日，周总理致函纳赛尔总统，热烈欢迎埃及的这一友好表示，希望两国很快建交并互换外交使节。同年5月24日，纳赛尔总统就中埃建交事宜接见李应吉代表。5月30日，中埃两国政府发表建交联合公报，宣布正式建立大使级外交关系。同年7月，中国驻埃及首任大使陈家康到任。9月17日，埃及首任驻华大使哈桑·拉加卜向毛泽东主席递交国书，周总理兼外长出席了递交国书仪式。毛主席对拉加卜大使说，中埃两国都是世界上文化最古老的国家。我们两国人民的传统友谊有着悠久的历史，中国人民珍视同埃及人民建立的新的友好合作关系，这种关系必将日益巩固和发展。作为亚非两个爱好和平国家的中国和埃及的友好合作，无疑地将对维护和巩固亚非和平和世界和平做出重大的贡献。

中国支持埃及人民的斗争有口皆碑。1956年7月26日，埃及总统纳赛尔宣布将苏伊士运河收归国有。8月4日，周总理在同驻北京的外国记者谈话时明确表示，中国完全支持埃及把苏伊士运河公司国有化。8月15日，中国政府发表《关于苏伊士运河问题的声明》，表示中国政府和人民完全支持埃及政府这一维护自己主权和独立的正义行动。9月17日，毛主席接见埃及首任大使拉加卜时表示，中国政府和人民将尽一切可能支持埃及人民维护苏伊士运河主权的英勇斗争。9月20日，周总理在全国人大常委会第46次会议上所做的《关于苏伊士运河问题的报告》中指出，埃及人民在维护民族独立和国家主权的伟大斗争中定会得到中国人民的全力支持。周总理致电纳赛尔总统，代表中国政府赠送埃及政府2000万瑞士法郎。同年10月29日，英、法纠合以色列发动苏伊士战争，即第二次中东战争。11月1日，中国政府发表声明，强烈谴责这种赤裸裸的侵略行为，坚决支持埃及人民维护国家主权和民族独立的神圣斗争。11月3日，毛主席提出关于埃及反侵略战争的军事部署和战略方针的建议，由周总理转告埃及政府。同日，北京近50万人和全国上亿群众开始了连续三天的集会游行，谴责英、法、以的侵略，声援埃及人民的正义斗争。11月10日，周总理致电纳赛尔总统，表示坚决支持埃及人民的英勇斗争。11月22日，纳赛尔在给周总理的复信中，对中国的支持给予高度评价。

1958年2月，埃及与叙利亚合并，成立阿拉伯联合共和国，简称阿联。1961年9月，叙利亚政变后宣布脱离阿联，埃及仍保留阿联的名称，直至1971年9月才将阿联改名为阿拉伯埃及共和国。1962年，印度在中印边界挑起大规模边境武装冲突，中国被迫自卫反击后很快主动停火并后撤。此后，亚非六国在科伦坡召开会议，其中有阿联部长执行会议主席阿里·萨布里，会议决定敦促中印直接谈判。

1963年4月21日，萨布里到北京，他是访问中国的第一位阿联政府领导人。周恩来总理与他进行了多轮会谈。在第一天会谈中，萨布里承认，他们对印度采取了偏袒的态度。他解释说："印度在这次冲突中无论在政治、军事上都打了败仗，而中国则无论在政治、军事上都取得了胜利。因此，我们觉得印度应该比中国得到更多的帮助。"周恩来坦率地说："我们对科伦坡会议是支持的，但是科伦坡建议是不公正的。"周总理强调指出，中国致力于中印友好，这不仅关系到中印两国，而且关系到亚非团结和世界和平。问题是印度取得独立和中国得到解放后，中印两国应该如何相处。中国方面尽量忍让，争取中印友好。不幸的是，印方采取的行动不完全如此。两位总理经过多次坦诚的会谈，萨布里接受了周恩来的意见，即把科伦坡建议只是作为建议和谈判的基础，而不能作为裁决。4月25日，周总理陪同萨布里去上海访问，第二天返回北京。萨布里去印度，但尼赫鲁拒绝了他的要求。萨布里说："印度由于国内原因，目前不能与中国谈判。"这样，阿联政府进一步相信了周恩来对形势的分析。周恩来这位大外交家的智慧和才能令人折服。

1963年12月13日到1964年3月1日，周恩来总理访问亚非欧14国，而其重点是非洲10国。这是新中国政府首脑第一次出访非洲，是一次重大外交行动，十分引人注目。阿联是非洲最早掀起民族独立运动并获得独立的国家，又是第一个同中国建交的非洲国家，纳赛尔总统多次邀请周总理访问阿联。因此，周恩来把阿联作为出访非洲的第一站。

周总理此次出访的主要陪同人员有国务院副总理兼外交部长陈毅元帅等。1963年12月14日中午，周总理一行抵达开罗机场，阿联总统会议委员、部长执行会议主席阿里·萨布里代表纳赛尔总统到机场迎接。欢迎的人群绵延数十里长，他们高举着彩色横幅，横幅上写着："阿联的朋友周恩来，欢迎你"，"阿联和中国的友谊万岁"。周总理在机场发表了热情洋溢的讲话。他说："这是我第一次访问阿拉伯联合共和国"，"是我第一次访问非洲大陆"。他说："当我踏上阿联的美丽国土的时候，我谨代表中国人民向全体阿联人民致以亲切的问候和崇高的敬意。"

周总理抵达当日，纳赛尔总统设宴招待周恩来。宾主在宴会上致辞共赞两国友谊。纳赛尔总统说："我亲爱的朋友，你在这里将会看到许多人早就期待着你们前来阿拉伯联合共和国访问；你将会看到，我们全都对伟大中国的革命和她的决定性胜利怀着无限的钦佩和赞赏。"

周恩来总理在宴会上满怀深情地说："1924年，当我从欧洲回国途经苏伊士运河的时候，埃及刚刚摆脱保护国的地位，几乎整个非洲大陆还处在帝国主义的黑暗统治之下。""1954

年，当我在日内瓦会议期间途经开罗的时候，埃及人民已经推翻法鲁克王朝，阿尔及利亚人民正在酝酿反抗殖民统治的武装斗争，整个非洲处在暴风雨的前夕。”“40年，在人类历史上只是短暂的一瞬。但是，在这40年间，世界大变了，中东大变了，非洲大变了，世界人民觉醒了。”周总理说：“今天，当我们作为中国人民的友好使者来到非洲的时候，我们看见的是一个觉醒的大陆，一个战斗的大陆。在这一片被帝国主义者叫做‘黑暗大陆’的辽阔土地上，自由的晨曦已经升起，帝国主义的殖民体系正在不可避免地走向土崩瓦解。”周总理说：“我愿利用这个机会，向正在用自己的英勇斗争创造着历史的阿拉伯人民和非洲人民致敬……向所有已经赢得独立的非洲国家致敬。”周总理这番情真意切的讲话博得了一阵阵热烈掌声。

12月17日，周总理一行到塞得港参观访问。塞得港是一座英雄城市。1956年，塞得港军民英勇地抗击了英、法、以三国侵略，付出了巨大牺牲，谱写了可歌可泣的篇章。在塞得港市市长马德丁·鲁什迪举行的欢迎会上，周恩来对塞得港人民、阿联人民的英勇斗争给予了高度评价。他说：“帝国主义要霸占苏伊士运河，阿联人民把他们打败了。帝国主义说阿联人民不会管理苏伊士运河，阿联人民把这条运河管理得更好了。帝国主义破坏了塞得港，阿联人民把这个城市建设得更美丽了。这一切有力地证明：在我们的时代，被压迫人民和被压迫民族只要团结起来，坚决斗争，就能够打败貌似强大的帝国主义侵略者。亚非各国人民只要把帝国主义和殖民主义赶走，自己当家作主，就能够把自己的国家建设起来。”

访问阿联期间，周总理与纳赛尔总统在诚挚、友好、坦率、相互信任和谅解的气氛中，就共同关心的重大问题和双边关系进行了三次正式会谈和一次单独会谈。会谈中，周总理郑重宣布了关于中国政府处理同阿拉伯国家关系的五项原则。这五项原则是：（1）中国政府一贯支持阿拉伯各国人民争取民族独立的斗争，从政治独立到经济独立，直到取得完全的民族独立；（2）中国政府支持阿拉伯各国政府采取中立和不结盟政策；（3）中国政府支持阿拉伯各国人民团结和统一的愿望，但采取什么样的步骤和方法，这是阿拉伯各国人民自己的权利，我们只有尊重而没有干涉的权利；（4）中国政府支持阿拉伯各国政府采取和平的方式解决相互之间的争端，而不诉诸武力；（5）中国政府主张阿拉伯以外的国家尊重阿拉伯各国的主权，不得进行任何干涉，不管这种干涉是来自西方还是其他国家，都要反对。周总理在访问阿尔及利亚时，又将这五项原则发展成为中国同非洲和阿拉伯国家相互关系的五项原则。

这五项原则是万隆亚非会议精神的发扬光大，也是和平共处五项原则的具体体现。这无疑是周总理在外交工作中的又一创举，为中国处理与阿拉伯国家关系提供了指导原则，从而有力地促进了中国同阿拉伯国家关系的发展。

12月20日下午，周总理举行了记者招待会。阿联《金字塔报》记者请周总理谈一谈访问阿联的意义。周总理说："这一次是我和陈毅元帅以及我的其他同事们第一次访问阿拉伯国家和非洲国家。第一个国家就是到了阿联。在这个地方，我们获得了很深的印象。我们访问了开罗、塞得港、阿斯旺，参观了一些工厂。我们看到了塞得港人民英勇战斗的痕迹和在帝国主义制造的废墟上兴建起来的英雄城市。在开罗郊外，我们看到了灿烂的古代文化，5000年前的金字塔，又登上了开罗高塔，观赏了现代的建筑。在阿联，我们受到了英勇热情的人民的欢迎，看到了勤劳智慧的人民正在积极地建设自己的新国家。阿联有着有能力的领导人纳赛尔总统阁下，有着团结的力量，所以能够在短短的期间出现了新兴的气象，这就是我们最主要的印象。”在回答访问非洲的目的时，周总理说：“我们访问非洲国家的目的，是寻求友谊，寻求合作，多了解一些东西，多学习一些东西。”周总理还对其他一些问题包括挑衅性的问题一一做了回答，阐明了中国对重大国际问题和地区问题的立场，受到赞扬和好评。

12月20日晚，周总理在开罗阿比丁宫举行盛大招待会，答谢纳赛尔总统和夫人。他在讲话中说：“这些天里，我们一直置身友谊的海洋中。我们不会忘记，英勇的塞得港人民欢迎我们的盛况。我们不会忘记，阿斯旺的建设者们在劳动工地上向我们亲切致意。”他说：“我们这次访问，加深了相互的了解，增加了我们的知识，促进了中阿两国人民的友谊，获得了圆满的成功。”纳赛尔总统在讲话中说：“亲爱的朋友，你对我国的访问……给了我们重温在前往万隆途中相聚在一起的友谊的机会”，“给了我们把你当做光荣而伟大的潮流和价值的代表和象征来欢迎的机会。”纳赛尔说：“我们感到你对我国的访问超越了中国和阿联之间直接关系的范围，你的访问会在这个范围以外留下影响，并且为我们现时代的一些最重要的问题带来积极的好处。”

周总理对埃及人民的斗争始终给予坚定的支持。1970年1月22日，以色列袭击埃及沙德旺角，埃及军队英勇抵抗，但伤亡惨重。周总理得知这一消息后，立即通知外交部为他起草致纳赛尔总统的支持电，电文表示：“在共同的反帝斗争中，中国人民将永远是阿拉伯联合共和国人民、巴勒斯坦人民和阿拉伯各国人民的最可靠的朋友。”2月2日，周总理亲自将支持电交埃及驻华大使阿卜德。

1970年9月，纳赛尔总统逝世。董必武副主席和周恩来总理联名发去唁电。电文高度评价纳赛尔总统为“阿拉伯联合共和国人民、阿拉伯人民和亚非人民团结反帝、争取民族解放事业做出了重要贡献”。经中央批准、周总理亲自安排，由人大常委会副委员长郭沫若作为国家特使赴开罗参加了纳赛尔的葬礼。

1973年十月战争爆发后，周总理于10月11日分别会见埃及和叙利亚驻华大使，请他们向两国总统转交中国领导人的支持电，并通知他们，中国决定向埃、叙各提供应急的现汇和粮食援助。周总理对埃、叙不顾外国干预采取果断行动表示钦佩，称赞在这次战争中阿拉伯国家的团结精神。

1976年1月8日周恩来逝世，萨达特总统发来唁电。他在

中国驻埃及大使馆

唁电中说："我们同全世界热爱自由的人民在一起，将永远不会忘记他支持和平与秩序的立场，以及他为实现和平共处所做的努力。"许多年过去了，每当提到周恩来，埃及友人总是说："我们永远不会忘记这位伟大人物。"

穆巴拉克九次访华

1956年5月30日中国与埃及建交，周恩来和纳赛尔是两国建立外交关系的奠基者，为两国友好合作关系奠定了基石。但由于种种原因，纳赛尔未能访华。萨达特执政期间，重视发展对华关系，中埃关系得到巩固和发展。他表示，访问中国是他的夙愿，原打算于1981年底访华，但他于同年10月6日遇袭身亡，未能实现访华愿望，实为一大憾事。

穆巴拉克执政后，中埃友好合作关系进入稳定和全面发展的新阶段。他多次表示，他对中国怀有特殊的感情，埃及与中国存在特殊友好关系。他十分重视发展对华关系，并强调把这一关系置于埃及对外关系的前列。他先后九次访华，与中国几代领导人结下了深厚的友谊。他执政以来，中埃关系有了长足和全面发展，堪称"南南合作"的典范。

穆巴拉克担任副总统期间，应中国政府邀请，于1976年4月率埃及高级代表团访华。他夫人苏珊女士、他的长子阿拉和次子贾迈勒同行。当时中国处于"文化大革命"后期，周恩来总理已于同年1月逝世，华国锋担任国务院总理。

1976年4月19日，穆巴拉克一行抵达北京机场，华国锋总理、人大常委会副委员长乌兰夫等前往机场迎接。华国锋主持了与穆巴拉克的会谈。

4月19日晚，华国锋总理举行盛大宴会欢迎穆巴拉克及夫人。两位领导人发表了热情洋溢的讲话，称颂中埃两国人民之间的深厚友谊和两国的友好合作关系不断发展。

穆巴拉克在宴会上说："自抵达友好的贵国以来，我们所受到的盛情款待，我们从接触到的同志们那里所感到的以及今天下午贯穿于我们会谈中的真正的兄弟情谊，这一切正是我们两国人民和两国之间存在着真正友谊的生动证明。这种友谊有着丰富多彩的过去和不断积累的实际经验。她与日俱增，为我们两国在各方面进行更密切的合作和更广泛的交往开辟了广阔的前景。"他说："我们两国人民根据自己伟大的文明史实，以其高度的历史性觉悟，得出了一条真理，即爱好和平的各国人民所渴望并为之战斗的最重要的事情，就是排除来自任何方面的干扰、压力和威胁，实现独立意志和选择自由。否则，人民就无法在人类的进程中做出真正的贡献，就不能发挥蕴藏着的创造力，独立和解放也将只是一种毫无内容的虚假现象。"他在讲话最后以热情奔放的语言说："用自己汗水浇灌自由之树的每一个埃及农民，用自己辛勤劳动建造友谊和进步大厦的每一个埃及工人，用自己鲜血谱写英勇献身的光辉诗篇的每一个埃及士兵，他们一起向你们致敬。"华国锋和穆巴拉克的讲话激起一阵阵掌声。

4月21日，毛泽东主席会见穆巴拉克等埃及贵宾。此时的毛泽东身体已很虚弱，很少安排会见外宾。但考虑到埃及和中东的重要性及中埃关系的重要性，毛主席还是会见了穆巴拉克。毛主席对穆巴拉克等埃及贵宾访华表示热烈欢迎，同他进行了亲切友好的谈话。告别时，毛主席请穆巴拉克回国以后向萨达特总统转达他的问候。

穆巴拉克一行在京期间，还安排了一些参观访问，观看了文艺演出。因为穆巴拉克长期在埃及空军工作，中方特意安排他到空军某部参观。他在参观过程中同飞行员亲切交谈，仔细了解中国自己制造的战斗机的构造及性能。他对中国军队所取得的成绩表示祝贺，并祝中埃友谊不断巩固和发展。

1980年1月5日，穆巴拉克第二次访华，此时他的身份仍是埃及副总统。他偕夫人苏珊女士和次子贾迈勒同时乘专机抵京。国务院副总理邓小平和夫人卓琳、人大常委会副委员长乌兰夫等前往机场迎接。一幅横标上写着："埃中友谊万岁！"在飞机舷梯旁，邓小平握着穆巴拉克的手说："欢迎您！"穆巴拉克说："我很高兴再次访问你们这个伟大而又友好的国家。"邓小平副总理、乌兰夫副委员长陪同穆巴拉克副总统检阅了中国人民解放军陆海空三军仪仗队。

1月6日晚，国务院在人民大会堂举行盛大宴会，欢迎穆巴拉克副总统和夫人，邓小平副总理和夫人卓琳、人大常委会副委员长乌兰夫等出席了宴会。邓小平在讲话中谈到了国际形势和中东问题，他说："我们一贯主张，以色列必须撤出她占领的阿拉伯领土，巴勒斯坦人民的民族权利，包括建立自己国家的权利应该得到恢复。这是导致中东问题公正解决的必要条件。"他重申，中国政府和人民坚定不移地支持埃及人民、巴勒斯坦人民和阿拉伯各国人民的正义斗争。穆巴拉克在讲话中赞扬中国在国际舞台上所奉行的政策。他说："中国人民倾其全力支持反对帝国主义控制和国际剥削的解放运动。人们将来书写当代世界生活中这一严峻时期的历史时，一定会提到：伟大的贵国曾经根据原则和信仰，无私地支持第三世界人民的斗争，提供了她力所能及的物质和道义支援，她从不采取别人使用的手段向第三世界人民施加压力，或者乘人需要支持和援助，而从中牟取私利。”他对中国在各个时期支援阿拉伯人民和巴勒斯坦人民为解放、正义与和平而进行的斗争表示赞赏。他希望在各方面加强埃中两国的关系和两国人民的友谊。

1月6日和7日，邓小平同穆巴拉克举行了两轮会谈。邓小平说，在国际风云变幻多端的情况下，中埃两国领导人在一起交换意见是很必要的。双方就国际形势，南亚、印支和中东问题，以及两国友好关系，广泛和深入地交换了意见，取得了满意的结果。1月8日，华国锋总理在人民大会堂会见穆巴拉克副总统，双方谈到国际形势、中东、南亚等国际问题，中埃双边关系，以及中国的国内情况。在交谈中，双方对近年来中埃关系的发展表示满意。华国锋总理请穆巴拉克副总统回国后转达他对萨达特总统的亲切问候。在北京期间，穆巴拉克和夫人在历史博物馆参观了周恩来纪念展览和湖北省随县出土文物展览，出席了音乐、舞蹈和京剧晚会。在晚会上，东方歌舞团和中国京剧院四团的文艺工作者热情地为埃及贵宾演出了中国、埃及歌舞节目和京剧《虹桥赠珠》。穆巴拉克一行还访问了沈阳。

1983年4月，穆巴拉克总统及夫人苏珊对中国进行正式友好访问。这是他第三次访华，也是访华的第一位埃及总统，中方给予高度重视。当时我作为主要译员，参加了穆巴拉克访华全过程的接待工作。4月2日，穆巴拉克抵京。他在机场上说：“这是我第三次访问中国，也是我作为共和国总统第一次来访。我能够来到友好的中国，同亲爱的中国朋友会晤，感到非常高兴。”

4月3日，中共中央顾问委员会主任邓小平会见穆巴拉克。邓小平说:“你是第一位来我国访问的埃及总统，我们热烈欢迎你。”邓小平赞扬中埃建交以来两国一直保持着很好的关系。他说:“我们希望阿拉伯各国加强团结，希望埃及在这方面发挥更大的作用。”穆巴拉克对邓小平说:“我们两国人民长期以来保持着兄弟般的情谊，两国的友好合作关系一直在向前发展。”会见后，邓小平设午宴款待穆巴拉克。席间，两位领导人兴致勃勃地进行交谈，年近八旬的邓小平干了三杯茅台酒。我清楚地记得，邓小平干掉第一杯茅台酒后，谈了他对国际形势的看法。第二杯酒下肚后，邓小平谈了中美关系。饮完第三杯酒后，邓小平介绍了中苏关系。穆巴拉克洗耳恭听，他对邓小平这位伟大战略家和政治家的远见卓识感到钦佩。

4月3日，中共中央总书记胡耀邦会见了穆巴拉克。胡耀邦说，第三世界国家当前首要的任务之一是发展本国的经济，用经济独立来保障和巩固政治独立。他说，中国将进一步发展同埃及的经济合作。胡耀邦在谈到中埃关系时说:“在风云变幻的国际形势中，我们两国同呼吸，共命运；在建设国家的努力中，我们互相支持，互相学习。我相信，总统阁下这次来访必将使我们的友谊向更高的阶段发展。因此，我们感到非常高兴。”穆巴拉克表示，埃及很愿意为发展同中国的友好合作关系做出新的努力。

穆巴拉克谈到了他访华的感受和他同中国领导人接触的情况。他说:“我每次到中国来都受到真诚、友好的接待。这反映了我们之间的关系十分友好而且不断发展。”他说:“埃及同中国的合作非常顺利，我们在国际事务中互相支持。我们的关系是悠久的、牢固的。”4月4日，穆巴拉克总统及夫人离开北京。

1990年5月11日，穆巴拉克乘专机飞抵北京，对中国进行第四次访问。当日下午，中国国家主席杨尚昆在人民大会堂东门外广场主持隆重仪式，欢迎穆巴拉克总统访华。随后，两位领导人在亲切、热烈的气氛中进行了交谈。杨尚昆对穆巴拉克第四次访华表示衷心的欢迎，并赞扬中埃关系十分友好。他说，埃及政府和人民在穆巴拉克总统领导下，在发展民族经济、建设自己家园、维护世界和平等方面都取得了可喜的成就。同时，总统阁下现在又是非洲统一组织主席，担负了更加繁重的任务。杨尚昆对穆巴拉克的杰出贡献深表赞赏。穆巴拉克说，埃中两国、两国人民有着特殊的、牢固的友谊。两国领导人相互访问和会晤是兄弟之间的见面。埃中两国领导人的任何一次会晤都是具有重大意义的。宾主双方对顺利发展的两国关系都表示十分满意。

5月11日晚，杨尚昆主席在人民大会堂为穆巴拉克总统访华举行了欢迎宴会。他在讲话中称赞穆巴拉克总统是中国人民尊敬的老朋友，一直关心并身体力行地推动中埃友好关系的发展。他表示，对于埃及政府和人民在各方面取得的成就，中国人民感到由衷的高兴。他说，维护世界和平、谋求共同发展的历史使命将更紧密地把中国和埃及连接在一起，两国之间的友好合作关系将展现更广阔的前景。穆巴拉克在讲话中赞扬了埃中两国传统友谊和亲密关系，并赞颂了中国在中东问题上的立场。他说，在这个古老的国度我们再次相会，我们带来了每一个埃及人对你们的深情厚谊。在推动亚非和第三世界各国人民间合作方面，中埃两国人民肩负着特殊的责任。因此，我们期待着进一步加强我们两国和两国人民间的团结与合作。

5月12日上午，李鹏总理与穆巴拉克总统在人民大会堂举行了小范围会谈，下午又举行大范围会谈。穆巴拉克回顾了埃中两国关系发展的历程。他说，自从1976年他第一次访华以后，埃中关系进入了一个新阶段。其后，两国关系不断发展。埃及始终认为，中国是可以信赖的兄弟。埃中关系友好不仅是两国之间的事情，也体现了中国同阿拉伯国家之间的关系在顺利发展之中。穆巴拉克通报了中东形势的最新发展。李鹏说，中埃两国之间的友好关系是牢固的中国政府一直密切关注中东事态的发展，一贯支持巴勒斯坦人民的正义斗争。中国对谋求政治解决中东问题倾向的发展表示欢迎，中国政府坚决支持中东问题公正、全面、和平解决。双方就国际形势广泛、深入地交换了意见，取得了一致或相似的看法。

5月12日上午，中共中央总书记江泽民在中南海会见了穆巴拉克。江泽民说:“总统阁下是中国人民尊敬的老朋友，这是你第四次访华，结识阁下很高兴。”江泽民赞扬穆巴拉克总统是第三世界的杰出领导人之一，为加强第三世界国家的友好合作关系做出了积极的努力；为推动中埃友好关系的发展做出了重大贡献。江泽民强调，中埃两国过去有着共同的遭遇，现在又面临着维护世界和平、发展本国经济的共同使命。在当前急剧变化的国际形势下，进一步发展两国友好合作关系不仅有利于两国人民的利益，而且有利于促进世界和平事业。穆巴拉克说，埃及非常珍视同中国的友谊，认为中国在第三世界中起着重要的作用。

应国家主席杨尚昆的邀请，穆巴拉克总统和夫人苏珊于1992年10月12日至16日对中国进行国事访问，这是他第五次访华。杨尚昆主席在人民大会堂东门外广场举行隆重欢迎仪式，仪式后，两位领导人进行了亲切友好的交谈。杨尚昆说，总统阁下是在国际形势发生深刻变化的情况下访问中国的。这是一次很有意义的访问。两国领导人就双边关系和共同关心的国际问题交换意见很有必要。访问必将为两国关系的深入发展增添新的活力，并增进两国人民的友谊。穆巴拉克说，埃中关系有着悠久的历史，两国关系十分友好，像兄弟一样。我们十分珍视埃中两国关系，很愿意发展与贵国的合作。他对中国改革开放所取得的成果表示赞赏。他说，埃及人民对中国人民在发展经济中所取得的进展感到由衷的高兴。

10月13日上午，穆巴拉克因埃及发生地震，被迫中断对中国为期五天的国事访问提前回国。他回国前与李鹏总理在人民大会堂举行了会谈。李鹏对埃及遭受地震表示同情和慰问，并表示中国政府将向埃及提供力所能及的人道主义援助。李鹏对穆巴拉克总统提前回国表示理解，并相信在埃及政府和穆巴拉克总统的领导下，埃及人民一定能够克服地震造成的困难。穆巴拉克表示感谢。两位领导人在诚挚友好的气氛中就双边关系、中东地区形势和广泛的国际问题交换了意见。关于双边关系，穆巴拉克说，埃及政府和人民十分珍视埃中两国的关系。两位领导人一致认为中埃关系很好，并对两国关系在各个领域取得的进展表示满意。双方表示愿意继续努力推动两国关系进一步向前发展。两位领导人对中东问题的看法是一致的。双方表示将继续努力推动中东和平进程，以使中东问题在联合国有关决议的基础上取得公正、合理、持久的政治解决。会谈结束后，穆巴拉克总统一行前往机场启程回国。

应国家主席江泽民的邀请，穆巴拉克总统于1994年4月21日至23日对中国进行国事访问，这是他第六次访华。江泽民主席在人民大会堂东门外广场主持欢迎仪式，之后，两国领导人在亲切友好的气氛中举行会谈。江泽民对穆巴拉克访华表示热烈欢迎。他说，中国和埃及虽然远隔千山万水，但两国关系非常密切。他表示，中埃都是文明古国，两国友谊源远流长。中埃建交38年来，双边友好合作关系持续稳定发展，在政治、经贸等各个领域的交流与合作都在顺利进行。两国对重大国际问题都有相同或相似的看法，在国际事务中进行了很好的协调与合作。他说，穆巴拉克总统阁下一贯重视中埃友谊，为推动两国友好合作关系的发展做出了积极的努力和重要贡献，我们对此表示赞赏。江泽民说，正如中国一句古诗所说，“海内存知己，天涯若比邻”。中国政府和人民非常珍视中埃友谊，对中埃关系的发展感到满意。穆巴拉克说，埃及和中国有着深厚的传统友谊，一贯重视发展与中国的友好合作关系。两国在政治、经济、科技和文化等方面的合作关系得到持续稳定的发展。两位领导人还介绍了各自国内的有关情况，并就中东和平进程、朝鲜半岛核问题、索马里、南非等问题广泛地交换了意见。会谈后，国务院副总理兼外长钱其琛和埃及外长阿姆鲁·穆萨签署了中埃两国政府关于鼓励和相互保护投资协定以及两国政府司法协助协定。

4月22日上午，穆巴拉克兴致勃勃地参观了北京新技术产业开发试验区，饶有兴致地听取了有关介绍，参观了彩色制版中心。随后，他又驱车到位于上地信息产业基地的华科通信公司，参观了程控交换机生产流水线。参观结束时，穆巴拉克说：“今天我们看到了中国在新闻和通讯技术方面取得的令人敬佩的进步。”他表示，希望埃中两国在各个领域的互利合作得到不断加强。

4月22日上午，国务院代总理朱镕基在钓鱼台国宾馆亲切会见了穆巴拉克总统。朱镕基对穆巴拉克第六次访华表示热烈欢迎，并转达了李鹏总理的问候。

4月22日下午，全国人大常委会委员长乔石在人民大会堂会见了穆巴拉克总统。乔石说，中国与埃及相互支持和帮助，在各个领域的合作都取得了令人满意的成果。他指出，中国全国人大愿加强同埃及人民议会的交流与合作，为两国人民友好关系的发展做出积极努力。穆巴拉克说，埃及人民对中国人民怀有深厚的情谊。埃及希望进一步发展埃中两国关系，也希望分享中国的经济建设和经济改革的经验。他表示希望两国议会增加接触，促进两国人民的友谊。

应中国国家主席江泽民的邀请，穆巴拉克总统于1999年4月5日至9日对中国进行国事访问，这是他第七次访华。穆巴拉克的次子贾迈勒、政府总理詹祖里、外交部长穆萨等陪同访问。4月5日，穆巴拉克乘坐的专机在北京机场降落时，正赶上一阵淅沥的小雨。他从容地走下舷梯，笑容满面地说："埃及人最喜欢雨水。"由于是雨天，江泽民主席为他举行的欢迎仪式改在人民大会堂北大厅举行。

4月5日下午，江泽民主席与穆巴拉克总统进行了会谈。江泽民说，中埃建交近半个世纪以来，不论国际风云如何变幻，国际形势怎样错综复杂，中埃友谊不仅没有受到任何影响，而且不断巩固和发展。这充分说明由两国老一辈领导人共同培育和建立的中埃友谊和友好合作符合两国人民的根本利益。他说，中埃同属发展中国家，又是世界上有影响的大国。中国始终把埃及视为自己在阿拉伯世界和非洲最重要的合作伙伴，重视发展同埃及的全面合作关系。加强和发展同埃及的长期友好合作关系是中国外交的既定方针。现在双方已确定两国建立面向21世纪的战略合作关系，并将以联合公报的形式予以确定和对外公布。这一文件是两国跨世纪关系的纲领性文件，将指导两国在各个领域的合作关系。江泽民表示，愿同穆巴拉克总统一道，本着继往开来、密切合作，携手共进的精神，不断赋予两国关系新的内涵。穆巴拉克说，埃中两国虽然相距遥远，但两国人民的心靠得很近。埃及是阿拉伯世界和非洲国家中第一个同中国建交的国家。埃及高度重视发展同中国的关系。建交以来，埃中关系一直非常好，两国领导人互访不断。穆巴拉克十分动情地说："在访问其他大国时，总是处于高度紧张状态。而一到中国，则感到亲切和放松。"

会谈结束后，江泽民主席和穆巴拉克总统共同签署了《中华人民共和国和阿拉伯埃及共和国关于建立战略合作关系的联合公报》，并主持签署了中埃两国外交部、外交学院合作协定书，两国政府经济技术合作协定，海运协定，旅游合作协定，以及两国农业部农业合作议定书。

在北京期间，国务院总理朱镕基、全国政协主席李瑞环、国家副主席胡锦涛分别会见了穆巴拉克总统，宾主进行了亲切友好的谈话。双方高度评价中埃两国的友好合作关系，并就国际形势、中东形势、科索沃局势等国际重大问题交换了意见。胡锦涛高度评价埃及的内外政策。他说，埃及政府和人民在穆巴拉克总统的领导下，在维护社会稳定、推行经济改革、提高综合国力、改善人民生活等方面取得了巨大成就。我们高度赞赏贵国政府所奉行的独立自主、不结盟的外交政策，赞赏埃及在维护阿拉伯国家正当权益、维护中东地区和世界的和平与稳定、加强阿拉伯国家和非洲国家的团结、促进发展中国家的合作等方面所做出的积极贡献。穆巴拉克一再表示，埃中两国人民有兄弟般的情谊，埃及政府高度重视发展对华关系。两国间的政治、经济关系非常好，在国际事务中也有很好的合作。他表示完全相信，在双方的共同努力下，埃中关系在今后的岁月里会发展得更好。

4月6日上午，穆巴拉克总统在钓鱼台国宾馆会见了中国企业家。他说，埃及和中国在经贸领域一直有着良好的合作关系，埃及把中国看成是发展经济合作最亲近的伙伴。埃中两国的合作不仅使两国受益，也有利于世界经济的发展。他认为埃中经贸合作前景广阔，衷心希望埃中有关部门、企业间扩大经济合作。在京期间，他还到北京大学接受名誉博士证书。他在演讲中列举了孔子、孟子、庄子等许多中国古代著名先哲。他指出，埃中都是文明古国，都曾为人类的发展做出过卓越贡献，西方近代科技的发达都是在包括埃中文明在内的世界古文明基础上实现的。近代埃中在科技、经济方面落后了，但要奋起直追，赶上世界先进水平，以无愧于我们伟大的祖先。

在埃及经济改革的过程中，埃及政府决定创建北苏伊士湾经济开发区。中埃两国政府商定，中方参与该项目的建设。在双方共同努力下，这项合作已经起步。为此，穆巴拉克在此次访华期间，专门到天津市经济开发区和上海市浦东开发区进行参观访问。他详细了解了中国开发区发展的各项政策和经验，询问了操作情况。

应中国国家主席江泽民的邀请，穆巴拉克总统于2002年1月23日至26日对中国进行国事访问，这是他第八次访华，总统夫人苏珊同行。1月23日下午，江泽民主席在人民大会堂为穆巴拉克总统访华举行了欢迎仪式。接着，两位领导人举行会谈，双方在亲切友好的气氛中就双边关系和其他共同关心的重大国际和地区问题深入交换了意见，并取得广泛共识。江泽民积极评价两国关系。他说，中方对中埃建交近半个世纪以来、特别是建立战略合作关系之后，两国在各个领域的友好互利合作关系的发展深感满意。他强调，中国始终把埃及视为自己在阿拉伯世界和非洲大陆最重要的合作伙伴，中方愿与埃及进一步充实两国战略合作关系的内涵，不断拓展和深化两国互利合作。他高度评价穆巴拉克总统一贯重视对华关系，并为推动两国关系发展所做出的积极努力和重要贡献。穆巴拉克完全赞同江泽民关于两国关系的积极评价。他说，埃中两国关系始终发展良好，这对推动两国加强在多个领域的友好合作和交流具有重要意义。两国签署战略合作关系协议以来，双方已启动在许多领域的战略合作，今后要进一步拓宽新的合作领域。两位领导人还就国际和中东形势、以巴冲突、反恐问题等交换了看法。会谈结束后，双方签署了两国政府关于经济技术合作协定、和平利用原子能合作协定、石油领域开展合作的框架协议、中国向埃及提供优惠贷款的框架协议及关于中国公民组团赴埃及旅游实施方案的谅解备忘录等五个文件。

1月24日，全国人大常委会委员长李鹏、国务院总理朱镕基、全国政协主席李瑞环分别会见了穆巴拉克总统。同日，中埃联合商务理事会在北京正式成立，并决定在开罗召开第一次会议。双方一致认为，此举增进和密切了中埃企业界的相互了解与往来，必将推动两国在投资和经贸领域的互利合作，推动两国友好合作关系进一步向前发展。

2006年是新中国与非洲国家开启外交关系50周年，而埃及是与中国建交的第一个非洲国家。在这一具有特殊纪念意义的年份里，为深化传统友谊、加强友好合作，中非双方商定召开中非合作论坛北京峰会。当年11月4日~5日，中非合作论坛北京峰会隆重举行。

穆巴拉克总统出席中非合作论坛北京峰会并对中国进行国事访问，这是他第九次访华。峰会期间，穆巴拉克总统出席了开幕式、圆桌会议、中非领导人宣读《中非合作论坛北京峰会宣言》、集体合影等重要活动。11月5日，穆巴拉克总统出席了峰会圆桌会议。中非领导人围绕“友谊、和平、合作、发展”主题，就50年中非关系发展、新形势下建立和发展中非新型战略伙伴关系，加强中非务实合作，以及共同关心的重大国际和地区问题等交换看法，达成广泛共识。峰会期间，召开了第二届中非企业家大会，埃及等七国宣布承认中国完全市场经济地位。

穆巴拉克总统访华期间，同胡锦涛主席举行了会谈，同全国人大常委会委员长吴邦国和国务院总理温家宝分别会见。双方发表了关于两国建交50周年的联合新闻公报，强调双方将继续共同努力，深化两国战略合作关系，为双边合作开辟更加广阔的领域。

近30年来的中埃关系

近30年来，中埃两国关系稳步全面发展。埃及是第一个同中国建立战略合作关系的发展中国家。进入21世纪以来，两国关系继续向前发展。中埃关系顺利发展有多方面因素，但首先要归功于两国领导人的关心与重视。

在此期间，中埃两国高层交往密切。埃方访华的主要领导人除穆巴拉克总统外，还有马哈古卜议长（1985年）、苏鲁尔议长（1989年、1991年、1994年、1995年、1996年、2007年）、协商会议主席希勒米（1992年）、国防和军工生产部长穆罕默德·坦塔维元帅（2004年）等。

自20世纪80年代中叶以来，中国主要领导人访问埃及也比较频繁。应穆巴拉克总统的邀请，中国国家主席李先念和夫人林佳楣于1986年3月17日抵达开罗，对埃及进行为期五天的国事访问。李先念主席是访问埃及的第一位中国国家元首。他的这次访问也是对穆巴拉克总统1983年对中国访问的回访。他与夫人在开罗国际机场受到穆巴拉克总统和夫人苏珊的欢迎，并在总统和夫人的陪同下乘汽车从机场前往库巴宫。穆巴拉克总统在库巴宫广场上为李先念主席举行了隆重的欢迎仪式。军乐队奏起两国国歌。两位领导人检阅了仪仗队，埃及儿童向李先念和夫人献花。

3月17日中午，李先念主席和穆巴拉克总统在库巴宫总统府举行单独正式会谈。双方满意地回顾了近年来两国友好合作关系的顺利发展，并一致认为，两国关系的特点是相互信任、观点一致。双方表示相信，这种友好合作关系有广阔的发展前景。双方一致认为，阿拉伯国家和巴勒斯坦人民应加强团结，共同寻求中东问题的公正合理解决办法。当天下午，李先念主席驱车前往尼罗河畔的纳斯尔城，向埃及无名烈士纪念碑献花圈。花圈的缎带上写着："献给为保卫祖国而英勇献身的埃及烈士们！"然后，他又分别前往已故总统纳赛尔和萨达特墓献了花圈，并在留言簿上签了名。

3月17日晚，穆巴拉克总统为李先念主席举行了盛大的欢迎宴会，并发表了一篇激动人心的讲话。他说，我国人民怀着喜悦、友好和亲切的感情来欢迎你们。你们是我们肝胆相照的朋友、情同手足的兄弟和忠实真诚的战友。你们一贯信守诺言、坚持原则捍卫真理、承担义务；你们是世界各国人民的典范和楷模。他说："亲爱的朋友们，我们欢迎你们。你们是为发展全人类的文明，为在这个星球上开创光荣史和进步史，为全世界建立了丰功伟绩的伟大人民的代表。"李先念主席也发表了热情洋溢的讲话。他说："中埃两国和两国人民之间有着传统的友谊。埃及是第一个与中国建交的阿拉伯国家。当年的纳赛尔总统和周恩来总理以他们伟大政治家的远见卓识，奠定了两国友好合作关系的基石，使两国人民的传统友谊焕发出新的光彩。中埃建交30年来，尽管世界风云变幻，我们两国和两国人民之间的友谊经受了时间的考验，并在共同斗争中日益加强。"在灯火辉煌的宴会厅里，中埃朋友欢聚一堂，共赞两国卓有成效的合作，共祝中埃友谊不断发展。

3月18日上午，李先念主席同穆巴拉克总统进行了第二次会谈。3月19日，埃及人民议会和协商会议举行联席会议，欢迎李先念主席。会上，李先念主席和穆巴拉克总统发表了激动人心的讲话。同一天，李先念主席和夫人林佳楣、穆巴拉克总统和夫人苏珊出席了由中国援建的"开罗国际会议中心"奠基仪式，并亲自为奠基石揭幕。3月19日，中埃双方签署了中华人民共和国和阿拉伯埃及共和国1986年至1988年文化合作执行计划，双方还交换了《关于两国外交部官员磋商和两国国际问题研究机构人员互访》的换文。在埃及期间，李先念主席和夫人林佳楣及其一行还参观了开罗、亚历山大、卢克索等地的名胜古迹。此访获得了圆满成功。

应穆巴拉克总统邀请，中国国家主席杨尚昆于1989年12月18日至23日对埃及进行正式友好访问。穆巴拉克总统亲自到机场迎接杨尚昆主席，在库巴宫举行了欢迎仪式。埃及人民议会议长马哈古卜、总理西德基、协商会议主席希勒米和内阁成员等高级官员出席了欢迎仪式。当天下午，杨尚昆主席向埃及无名烈士纪念碑和已故总统纳赛尔、萨达特的陵墓献花圈。

12月18日晚，穆巴拉克总统在总统府举行盛大宴会，欢迎杨尚昆主席访问埃及。宾主在宴会上发表了热情洋溢的讲话。穆巴拉克总统强调，两国领导人互访使两国共同历程进一步发展。杨尚昆赞颂中埃两国间的友好关系堪称国与国关系的典范。12月19日上午，两国元首在新开罗总统府举行单独会谈，并共同主持了双边政府高级官员的大组会谈。穆巴拉克说，埃中之间的感情是忠诚的兄弟感情，是困难时相互依靠的感情。中国是埃及最好的朋友之一。杨尚昆赞扬中埃友谊是兄弟之间的合作友谊。他说，穆巴拉克总统是中国人民熟悉的老朋友，著名的政治活动家。他在埃及实行励精图治、发展经济的政策，我们表示敬佩。他说，中国支持埃及奉行独立自主的外交政策，支持埃及为解决中东问题所做的各种积极努力。他祝愿中埃友谊万古长青。

12月19日中午，杨尚昆主席和穆巴拉克总统参加了由中国援建的开罗国际会议中心竣工剪彩仪式。两位元首同时为会议中心大门柱上两块金色纪念牌揭幕。当他们一起拉开覆盖在牌上印有他们画像的幕布时，全场掌声四起。穆巴拉克总统和杨尚昆主席先后发表了讲话。在埃及期间，杨尚昆主席还参观了开罗和亚历山大的名胜古迹。

1991年7月，海湾战争结束后，时任国务院总理的李鹏对中东、海湾六国进行访问，第一站就是埃及。我随团参加了这次访问活动。穆巴拉克总统为李鹏总理举行欢迎宴会。我难忘宴会上的热烈气氛，尤其是难忘两位领导人充满激情的讲话。穆巴拉克说，早在7000多年前，一个伟大的文明诞生在远东的中国，她对人类的进步，对人类不断认识生活和宇宙做出了无私的奉献。与此同时，在尼罗河畔亦出现了一个辉煌的文明，与中国文明的伟大成就并驾齐驱，这决非偶然。她具有同样的素质，有能力为人类创造伟大的成就。穆巴拉克说，多少世纪来，具有悠久历史的两国人民不断在历史长河中开拓他们的前进道路。今天，面对21世纪的挑战，两国人民志同道合，步履坚定。他们具有纵观全局，继往开来的非凡能力。他说，中埃两国之间有不同寻常的特殊关系，有源远流长的历史，文明和文化纽带把我们紧密地联系在一起。李鹏总理在讲话中也高度评价中埃友好合作关系和穆巴拉克总统为发展两国关系所做出的突出贡献。

1996年5月30日是中国与埃及建交40周年纪念日。值此纪念日来临之际，中国国家主席江泽民应穆巴拉克总统邀请，于5月13日下午乘专机抵开罗对埃及进行国事访问。穆巴拉克总统在库巴宫为江泽民主席举行了隆重的欢迎仪式。晚上，穆巴拉克总统为江泽民主席举行了盛大的欢迎宴会。

5月14日，江泽民主席与穆巴拉克总统举行会谈。两位领导人就双边关系、中东和平进程及共同关心的其他问题深入地交换了看法。江泽民说，中埃都是文明古国，两国友谊源远流长。过几天就是两国建交40周年。他说："回顾40年两国关系发展的历程，我们高兴地看到，在两国几代领导人的努力和关怀下，双边友好合作关系持续、稳步发展，在政治、经贸等各个方面的交流与合作都在顺利进行，在国际事务中进行了很好的协调和卓有成效的合作。尤其在经贸领域正呈现出良好的发展势头，双边贸易额逐年增加，互利合作也迈出了可喜的步伐。我们对双边关系的发展是满意的。”他说，中国把埃及视为自己在阿拉伯世界和非洲最重要的合作伙伴，也是我们发展同阿拉伯国家乃至整个非洲国家关系的重点。加强和发展同埃及的长期友好合作关系，是我们的既定方针。他强调，中国政府和人民愿继续本着相互尊重、平等互利、共同发展的原则，与埃及建立迈向21世纪的长期、稳定的关系。穆巴拉克总统赞同江泽民主席对埃中两国关系的评价。他说：“自从我1976年访问中国后，埃中两国关系日益发展，非常牢固。我们在发展两国关系方面不存在任何问题，完全可以相互理解，相互支持。”他希望两国加强交流，拓展经贸合作的新途径。他认为这种合作关系符合阿拉伯国家和非洲的根本利益。

江泽民主席在开罗访问期间，前往埃及无名烈士纪念碑及萨达特总统陵墓献了花圈，参观了埃及博物馆和名胜古迹。他在博物馆留言簿上挥笔题词：“世界文明的瑰宝。”5月16日，江泽民一行飞往埃及古都卢克索，参观了尼罗河东岸气势磅礴的卡尔纳克神庙、卢克索神庙和西岸的国王谷、王后谷中的古墓。5月17日，他结束了对埃及的国事访问。

2000年4月17日，应穆巴拉克总统邀请，江泽民主席飞往亚历山大，与穆巴拉克总统举行会晤。两国领导人就双边关系和共同关心的国际和地区问题深入地交换了意见。

应穆巴拉克总统的邀请，中国国家主席胡锦涛于2004年1月29日乘专机抵达开罗，对埃及进行国事访问，胡锦涛夫人刘永清同行。穆巴拉克总统在总统府广场为胡锦涛主席举行了隆重的欢迎仪式。接着，两位领导人举行会谈，共赞两国友好合作关系不断发展。胡锦涛指出，中埃人民长期友好，两国一贯互相支持，平等相待。中国重视埃及在地区和国际事务中的作用，一直把埃及视为中国在阿拉伯世界和非洲大陆重要的合作伙伴。为进一步发展中埃两国关系，胡锦涛提出四点建议：一、两国领导人保持经常互访和其他多种方式的接触，增进相互了解，扩大共识；二、提高经贸合作水平，扩大在电子、通信、医药、旱作农业等领域的合作，开拓石油、地铁、航空、人力资源培训和服务贸易等新的合作领域，通过发展来解决当前两国贸易中存在的不平衡问题；三、推动两国在文化、教育、旅游和新闻等领域的合作；四、加强在国际事务中的合作和协调。胡锦涛说，我们深信，中埃战略合作关系的不断巩固和发展将给两国人民带来更多的实际利益。穆巴拉克表示完全赞同中方有关进一步加强双边合作的建议。两国元首还就中东局势和伊拉克重建等问题交换了意见。当晚，穆巴拉克总统和夫人举行国宴，热烈欢迎胡锦涛和夫人访埃。

1月30日上午，胡锦涛主席在埃及人民议会大厦先后会见了人民议会议长苏鲁尔和协商会议主席希勒米。他们高度评价中埃友好合作关系的顺利发展，并表达了进一步发展两国关系的愿望。当天中午，胡锦涛主席和夫人应邀参加了穆巴拉克总统和夫人举行的家庭聚会。同一天下午，胡锦涛主席参观了埃及国家博物馆。

1月30日，胡锦涛主席到设在开罗的阿盟总部，会见了阿盟秘书长穆萨和阿盟22个成员国代表。他指出，中国和阿拉伯国家同属发展中国家，双方一直保持着深厚的传统友谊。我们在和平共处五项原则基础上已建立起真诚、互利的友好合作关系，在政治上是相互支持的好兄弟，在经济上是互利合作的好伙伴，在国际事务中是协调配合的好朋友。不断巩固双方的友好合作关系，是我们的既定方针。胡锦涛建议通过四个方面的合作发展中阿新型伙伴关系：一、以相互尊重为基础，增进政治关系；二、以共同发展为目标，密切经贸往来；三、以相互借鉴为内容，扩大文化交流；四、以维护世界和平、促进共同发展为宗旨，加强在国际事务中的合作。同日，中国外交部长李肇星与阿盟秘书长穆萨共同发表公报，宣布即日成立《中国—阿拉伯国家合作论坛》。关于中阿合作论坛，胡锦涛说，这是新形势下加强和深化中阿关系的重要举措，有利于丰富中阿关系的内涵，有利于巩固和拓展双方在各层次、各领域的互利合作。他表示，我们愿同阿拉伯各国一道，将中阿合作论坛建设成为中阿加强集体对话和合作的新平台。他说，无论国际形势如何变化，中国人民始终是阿拉伯人民真诚的朋友。

2009年11月初，温家宝总理访问埃及，于11月7日出席在埃及沙姆沙伊赫举行的中非论坛会议。温总理与穆巴拉克总统等举行了会谈，双方就中埃关系、中非合作、国际及地区形势等问题交换了看法。

在埃及和中国领导人的关怀和努力下，中埃两国一直保持着良好的政治关系。两国高层交往密切，其他层次的代表团互访频繁。两国在相互尊重、平等相待、互利合作、共同发展的基础上，努力巩固传统友谊，促进互利合作。中国始终坚定支持埃及和其他阿拉伯国家反对外来入侵、维护国家主权和领土完整的斗争；埃及在台湾问题上长期坚持一个中国的立场，支持中国的和平统一大业。中埃两国在国际及地区问题上一直保持密切磋商，协调配合，相互支持。在国际风云变幻中，中埃关系经受了国际风云的考验，而且一直在稳步全面地向前发展。

中埃经济互补性强，两国都实行改革开放政策，经贸合作保持快速增长势头。中国向埃及提供了力所能及的援助，经援项目达30多项，其中最有代表性的工程就是开罗国际会议中心。这是20世纪80年代中国最大的援外项目，也是当今世界上规模最大、设备最现代化的会议大厦之一。该工程于1986年1月1日正式开工，同年3月19日李先念主席访问埃及时与穆巴拉克总统共同为该项目正式奠基。开罗国际会议中心的地址位于开罗市东北埃及无名烈士纪念碑西侧，坐落在纳斯尔广场上。在阿拉伯语中，纳斯尔意为胜利，所以该广场又被称为胜利广场。埃及领导人称赞该工程是埃中两国友好合作的象征，埃及人称它是“中埃友谊大厦”。

1989年12月19日，正在埃及进行访问的杨尚昆主席同穆巴拉克总统共同出席了开罗国际会议中心竣工和揭幕仪式。该中心有机玻璃的纪念牌上写着：“在穆巴拉克总统主持和其贵宾杨尚昆主席的惠顾下，开罗国际会议中心于1989年12月19日落成揭幕。”穆巴拉克在讲话中说，中国文明始终富于科学和智慧。今天，中国人民又为这永恒的成就增添了一座大厦。这座雄伟大厦如此完美地建成是中埃两国人民合作的良好成果，是中埃友谊的象征。他祝愿埃中友谊万古长青。杨尚昆主席说，开罗国际会议中心是中埃合作的又一伟大成果，是两国人民友谊的又一丰碑。他说，让我们中埃两国以这座宏大的国际会议中心为新的起点，共同努力，使我们双方的合作绽放出更多的花朵，结出更多的硕果。

开罗国际会议中心规模宏大，占地面积30万平方米，建筑面积5.8万平方米，耗资1.5亿多瑞士法郎。该工程由主楼、宴会厅、可供停放1200辆汽车的广场和占地12万平方米的中国园林组成。主楼内有三个大厅，分别以吉萨三座金字塔墓主的名字命名。主厅被命名为最大金字塔墓主胡夫厅，设有2500个座位、中东最大的活动舞台和升降乐池，并配有闭路电视和八种语言的同声传译系统，可接纳120个代表团召开大型国际会议，并可举行庆典、演出或放映电影。中厅以胡夫儿子哈夫拉金字塔名字命名，设有800个座位及同样设备，并可随时用活动隔板间隔为两个各有400个座位的会议厅。第三个厅以胡夫孙子门卡乌拉金字塔名字命名，设有600个座位，可分隔为100、200和300个座位的小会议厅。另外还有容纳200名记者的新闻中心和150名记者的小礼堂。小礼堂内配备四种语言的同声传译系统和转播会议实况的电视大屏幕。主会议厅休息厅正面墙上有一组题为“源远流长”的彩色丙烯画，高3.2米，长28米，由中国美术家设计创作。画面展现了古埃及法老时期、古希腊罗马时期、科普特时期、伊斯兰时期和现代埃及五个历史时期的文明，构成一组宏伟的历史画卷。另一组画题为“天长地久”，由17幅大理石镶嵌壁画组成，生动形象地展现了古埃及文明。各个休息室内摆设有数百件埃及艺术家的作品和各种中国漆屏及黄杨木雕屏。人们一走进会议中心，就感受到浓郁的艺术气氛。

会议中心的宴会厅呈圆形，以第18王朝阿赫那通的王后奈法尔提蒂命名。宴会厅直径45米，厅中央的水晶吊灯直径达5.5米，周围配有16盏水晶吊灯和玲珑的壁灯，显得富丽华贵。宴会厅可容纳1250人，侧旁的自动餐厅可供200名工作人员用餐。主楼的东南面有一座人造假山。此处按中国江南苏州园林风格设计，建有亭台楼阁、水榭回廊。小桥流水的景色分外迷人。人们称赞开罗国际会议中心是“尼罗河畔的明珠”，是融建筑与艺术于一体的建筑群。它不仅供召开会议之用，也成为旅游景点。

中埃经贸合作保持不断增长势头。20世纪90年代初，两国贸易总额不足1亿美元。1996年，两国贸易总额增加到4.0792亿美元，其中中方出口4.045亿美元，从埃及进口仅为341.9万美元。2004年，两国贸易总额上升到15.7694亿美元，其中中方出口13.89亿美元，进口1.8794亿美元。2008年，两国贸易总额增加到62.39亿美元，其中中方出口58.11亿美元，进口4.28亿美元。受世界金融危机影响，2009年两国贸易额为58.6亿美元，其中中方出口51.1亿美元，进口7.5亿美元。2010年两国贸易额为69.6亿美元，其中中方出口60.4亿美元，进口9.2亿美元。中国加大了在埃及投资的力度，投资的领域包括石油勘探、电器生产、纺织、通信网络、制盐等方面。2008年，中国在埃及的投资项目约达650项。中国有关企业参与埃及苏伊士经济特区项目建设。为保证经济技术合作协议的执行，双方建立了工业合作公司，签署了在埃及执行项目的协议。中国同意提供最优惠的还贷方式，以减轻埃及政府的债务压力。中埃经贸合作的科技含量不断增加，这种合作以多样化形式向更广阔的领域不断发展，呈现出良好的发展势头。

中国奇瑞汽车埃及分公司

中埃两国在文化、艺术、教育、新闻、旅游、航空、卫生、体育、军事等领域往来密切，成果丰硕。两国在这些领域签署了大量合作协议，代表团互访频繁。2002年，开罗中国文化中心成立。2004年，中央电视台外文频道“CCTV—9”在埃及成功落地，被誉为“中国之窗”的《今日中国》杂志阿拉伯文版在开罗设立分社。两国的各大新闻单位都向对方派驻了新闻机构办事处和记者，及时报道重要新闻，加强了对对方国情等方面的介绍。

两国的文化交流成为两国关系中的一个重要方面，在增强两国人民相互了解、促进文化交流、促进友谊和合作方面发挥了重要作用。两国文艺团体经常赴对方参加文化艺术展演。中国电影工作者多次参加埃及举办的国际电影节并获奖。中埃两国文化部联合在开罗和亚历山大举办“中国文化周”。2003年10月在上海国际艺术节举办的“古埃及国宝展”引起参观者极大的兴趣。2004年和2005年在北京和上海分别举办了埃及文化周。在北京和开罗分别举办了“长城—金字塔之吻”文化节活动。中国的歌舞、杂技、京剧等演出和各种艺术品展览备受埃及人民欢迎。埃及的民乐艺术团、国家歌剧院芭蕾舞团等文艺团体在中国各地的演出也给中国观众留下了深刻印象。歌剧《阿依达》的演出在中国引起了很大轰动。该剧在中国成功演出，中国电视台进行了宣传，使中国观众大饱眼福。2006年，两国艺术家在开罗金字塔下举行庆祝中埃建交50周年“手拉手”大型文艺演出。2007年，中方在埃及举办“春节庙会”活动。双方还举办图片展，汉语大赛和互派演出团体等活动，双方签署建立孔子学院合作协议。

随着文化交流工作的不断开展，中埃两国的文化名著互译活动更加活跃。埃及诺贝尔文学奖获得者纳吉布·马哈福兹的代表作、埃及其他著名作家如塔哈·侯赛因、陶菲克·哈基姆等人的作品陆续被译成中文出版。中国著名作家鲁迅、巴金等人的作品也相继被译成阿拉伯文在埃及等阿拉伯国家发行。

中埃在教育方面的交往与合作起步早，发展快。早在20世纪20年代，就有中国留学生不断到埃及爱资哈尔大学学习。那时，他们以学习阿拉伯语、伊斯兰教义和教规为主，也对埃及的伊斯兰教育和文化等进行了一些考察工作。埃及1952年革命后，中埃在教育方面的合作不断加强，双方每年都派留学生到对方高等学府学习，留学生数量在不断增加。为进一步加强交流和沟通，中国在多所大学开设阿拉伯语专业，聘请埃及教师讲学。埃及艾因·舍姆斯大学开设了中文系。双方经常举办教育研讨会。中国援建埃及的第一个全国远程教育系统已正式启用。中国、埃及与联合国联合举办了人口大国全民教育部长级会议。为了满足埃及人民要求学习中文和增进了解中国的愿望，开罗中国文化中心开办了汉语培训班，埃及已有4所大学开设中文专业，培养了一批批学员。中埃两国的文化、教育交往向更深、更广的方向发展。

中埃两国都是旅游大国，旅游资源都非常丰富。埃及成为第一个被列入中国公民出国旅游目的地的阿拉伯国家，北京—开罗间也开辟了直航线路。两国旅游往来方兴未艾。此外，两国在军事、友好协会、民间团体等方面的交往也很频繁。所有这些活动都从不同侧面促进了两国友好合作的进一步发展。

中国历任驻埃及大使

姓　名	任　期
陈家康	1956年7月至1965年12月
黄　华	1966年3月至1969年9月
柴泽民	1970年6月至1974年8月
张　彤	1974年9月至1977年5月
姚　广	1977年7月至1980年2月
刘　春	1980年4月至1982年8月
丁国珏	1982年12月至1984年11月
温业湛	1985年2月至1987年7月
詹世亮	1987年9月至1991年11月
朱应鹿	1991年11月至1993年12月
杨福昌	1994年1月至1998年12月
安惠侯	1998年12月至2001年8月
刘晓明	2001年9月至2003年9月
吴思科	2003年9月至2007年10月
武春华	2007年10月至2010年10月
宋爱国	2010年10月至今

后 记

埃及有句名言："喝了尼罗河的水，你还要再来。"自从1965年我第一次到埃及喝了尼罗河水，后来又多次到埃及，其中既有常驻，又有陪团访问和出差开会。埃及给我留下了难以忘怀的印象。

2400多年前，古希腊著名史学家希罗多德曾说："埃及是尼罗河的恩赐。"每当我徜徉在尼罗河畔时，我为尼罗河两岸秀丽的风光所陶醉；为以金字塔为代表的名胜古迹而感慨；为具有七千年历史的灿烂文明所震撼。是的，尼罗河养育了创造奇迹的人民，绘就了埃及这个神奇的国家。今天，这块颇具魅力的国土正以博大的胸怀迎接四方来客前来观赏。

在埃及期间，我走访了许多地方，结识了各阶层人士，听到看到反映埃及社会生活的大量现实情况。多年来，我对埃及社会的方方面面进行了调查研究。自20世纪80年代以来，我先后发表了一些有关埃及的文章，其中有尼罗河、金字塔、卢克索等名胜古迹，也有人物介绍和社会风情等。

在《中国驻中东大使话中东》丛书中，我承担撰写《埃及》一书。该书囊括了埃及的基本情况、悠久历史、名胜古迹、科教事业、经济状况、地缘外交、总统轶事及中埃关系等内容，力图通过该书将一个真实的埃及展现给读者。由于时间仓促，书中难免有遗漏和误谬之处，恳请读者批评指正。

丛书部分人员合影，杨文学（左八）、王平（左十）、时延春（右五）。

投资、策划人杨文学与本书作者时延春合影。